汉字姐姐
给孩子的
成语汉字书

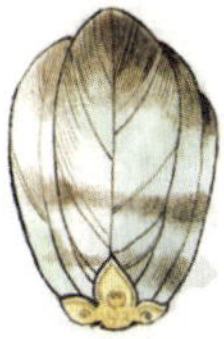

邱昭瑜 著

饱学之士
BAOXUE ZHI SHI

人物篇
RENWU PIAN

接力出版社
Publishing House

图书在版编目（CIP）数据

饱学之士：人物篇 / 邱昭瑜著. —南宁：接力出版社，2020.2
（汉字姐姐给孩子的成语汉字书）
ISBN 978-7-5448-6271-4

Ⅰ. ①饱…　Ⅱ. ①邱…　Ⅲ. ①汉语–成语–少儿读物 ②汉字–少儿读物　Ⅳ. ①H1-49

中国版本图书馆CIP数据核字（2019）第189535号

责任编辑：周　锦　　文字编辑：孔　倩　　美术编辑：王　雪　　封面设计：刘　悦
责任校对：杜伟娜　　责任监印：刘　冬
社　　长：黄　俭　　总 编 辑：白　冰
出版发行：接力出版社　社址：广西南宁市园湖南路9号　邮编：530022
电话：010-65546561（发行部）　传真：010-65545210（发行部）
http: // www.jielibj.com E-mail: jieli@jielibook.com
经销：新华书店　印制：北京尚唐印刷包装有限公司
开本：710毫米×1000毫米　1/16　印张：10.5　字数：100千字
版次：2020年2月第1版　印次：2020年2月第1次印刷
定价：35.00元

目录

sān rén chéng hǔ
三人成虎

成语故事

战国时期，各个诸侯国常常将太子送到其他国家当人质，来促使盟约的达成，或表达双方缔结友好关系的诚意。

有一次，魏国的大臣庞葱将要陪太子去赵国的都城邯郸做人质。庞葱担心自己离开的时间久了，魏惠王就不再信任他。于是，他在离开之前特地到王宫，对魏惠王说：“假如现在有一个人来跟大王禀报说街上出现了老虎，大王会相信吗？”

魏惠王立刻回答：“街上怎么可能出现老虎？我当然不信！”

庞葱再问：“假如现在有第二个人来跟大王禀报街上有老虎，大王会相信吗？”

魏惠王迟疑了一下，答道：“我会半信半疑。”

庞葱紧接着又问：“假如现在有第三个人来跟大王禀报街上有老虎，大王会相信吗？”

魏惠王点头道：“有三个人说同样的话，我就相信了。”

庞葱说：“街上本来没有老虎，但是三个人都说有老虎，人们便会相信了。如今我要陪太子去邯郸，那里和我们魏国的都城大梁的距离，比王宫到街市远得多，而在背后议论我是非的人，恐怕也不止三个，所以我离去之后，希望大王对议论我的话要明察秋毫，不要轻易相信。”

魏惠王爽快地说：“我知道了，你就放心地陪太子去邯郸吧！”

庞葱去了赵国后，果然就有人到魏惠王面前说庞葱的坏话，魏惠王一开始也不相信，但是接二连三地有人来说庞葱的坏话，久而久之，魏惠王就相信了。

后来，太子做人质期满了，庞葱陪太子回到魏国，魏惠王却再也没有召见过庞葱，也不再重用他。

这个故事本来是在讽刺魏惠王，后来被浓缩为“三人成虎”的成语，用来比喻传播谣言的人多了，谣言就可以掩盖真相。

典故出处

《战国策·魏策》：“夫市之无虎明矣，然而三人言而成虎。”

成语解释

三人成虎：比喻流言惑众，蛊惑人心。

成语用法

谣言的可怕就在于三人成虎，虚构的事情都能说成仿佛真实地发生过。

说说人个尔你像字

人是具有高度智慧和灵性的动物，在距今150万年时，从猿人演化而来的“直立人”，成了会直立行走的人类的远古祖先，他们已经会用兽骨做成工具，也会狩猎了。

我们从“人”字的甲骨文来看—— ，这是一个人弯腰站着，手臂向前下垂，似乎在做什么事的侧面图。明白了“人”字那两笔所代表的意思，有没有觉得汉字生动起来了呢？

我们用来计算人的单位，通常是“个”。“个”

最早指的是一根耸立的竹子——（小篆），因为人站立的样子就像修长的竹子，所以“个”也被当作计算人或物的数量词，例如一个人、三个箱子。

我们不用名字称呼时，会自称“我”，称正在谈话的对方为“你”，可是古人却用“尔”来称呼对方。“尔”在甲骨文中，刻画的是缠绕蚕丝的架子——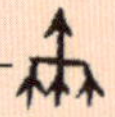，下面的部分可用来整理蚕丝；字形线条化后成为（金文），今天的繁体字爾仍保留具有这种寓意的字形，简体字则是采用俗体楷书尔的字形。后来古人又在“尔”的左边加上“人”偏旁，成了“你”。

目前可以见到的最早的古文字是甲骨文，很多甲骨文是模仿物体的外形来刻画的，这种字就叫“象形字”，所谓的“象形”其实就是“像形”，也就是像被模仿物体的外形。“像”字是由“人”+“象”组成，“象”就是根据大象侧面的样子来造的字——（甲骨文），有长鼻子、大耳朵、躯干、四肢和尾巴，字形线条化后成为（小篆），就很像我们现在写的楷体字象了。“象”引申有形状、仿效的意思，加上“人”偏旁就成了“像”字，表示仿照人的外形绘制的图画或制作的雕塑，例如肖像、铜像；引申为相似，例如相像、好像。

人

成语家族

损人利己
使别人蒙受损失，让自己得到好处。

人言可畏
背后的议论或毁人名誉的话很可怕。

人仰马翻
人马被打得仰翻在地。形容被打得惨败，也形容非常混乱。

野人献曝
乡野农夫贡献曝日取暖的方法，比喻眼界狭窄，贡献的不是珍贵的东西。

寄人篱下
依附于他人的篱笆下，比喻依附他人，不能自立。

人各有志
每个人都有自己的志向和愿望。

诲人不倦
耐心教导人而不觉得劳累。

骇人听闻
使人听了非常吃惊、害怕。

拾人牙慧
比喻拾取他人的言论或主张来当作自己的话。

人云亦云
人家怎么说，自己也跟着怎么说，指没有主见，只会随声附和。

知识万花筒

为什么人类会有肤色上的差异呢？

原来，人类的皮肤里有一种黑色素细胞，它接受阳光的照射时，就会产生黑色素，而黑色素又会转变成黑色素颗粒，肤色的深浅主要由黑色素颗粒的多少所决定。在热带地区生活的人，肤色通常比较黑，这是因为热带地区的阳光强烈，皮肤里含有高浓度的黑色素，可以阻挡过量的紫外线，避免得皮肤癌；寒带则日照较少，所以当地人的肤色较白，这就有利于皮肤吸收人体制造维生素 D 所需要的足量紫外线，避免得软骨症。

qǐ rén yōu tiān
杞人忧天

成语故事

周武王灭掉商朝之后，分封夏朝开国君主禹的后代到杞地（现在的河南开封杞县）建立杞国，这个故事发生的地点，就是在杞国。

当时，有一个十分胆小的人，他对很多事情都过分担心，常常会胡思乱想，自己吓自己，让大家哭笑不得。

有一天，这个杞人吃饱饭，拿着蒲扇在院子里乘凉，无意间抬头看到天上的云黑压压地压下了一大片，他的心头一惊，心想：天该不会要塌下来了吧？

他急急忙忙地跑到屋里躲起来，偷偷地推开窗子朝天空看，发现天上的云压得更低了。他非常害怕，担心天万一塌下来，他不就没有地方可以住了吗。

忧虑的情绪让他吃不下饭，也睡不着觉，整天病恹恹地躺在床上，越来越瘦削、憔悴。

朋友探望他，开导说："天只不过是由很厚很厚的气体所累积起来的，没有一个地方不被这气体所充塞，而你从早到晚的一举一动、一呼一吸，也都是在天的气体里活动着，你怎么还会担心天塌下来呢？"

杞人听了，忧心忡忡地问："假如天是由很厚的气体所累积而成的，那么上头的太阳、月亮和星星，不会掉下来吗？"

朋友答道："太阳、月亮和星星也都是由会发光的气体所累积而成的，就算掉下来了，也不会砸伤人的。"

杞人听了，稍稍放心了，但又突然说道："假如换成地塌陷了，那该怎么办？"

朋友耐心地回答："大地是由土块所累积而成的，遍布四野，无处不有，你每天在地上行走踩踏，不是一切都很正常吗？怎么还会担心地塌陷呢？”

杞人听了，这才放宽心，开心起来。他的朋友看到他终于不再忧虑了，也很高兴。

以现代人的常识来看，杞人担心天会塌下来的想法的确很可笑，包括来开导他的朋友认为太阳、月亮和星星都是由气体累积起来的，这也是错误的，不过这个故事发生在 2200 多年前的春秋时期，那时候科学并不发达，咱们就别太苛求啦！

典故出处

《列子・天瑞》：“杞国有人，忧天地崩坠，身亡所寄，废寝食者。”

成语解释

杞人忧天：借指为不必要忧虑的事情而忧虑。

成语用法

他常担心外星人会入侵地球，真是太杞人忧天啦！

说说字

大 天 太 交

地球上有些动物，会靠着把自己的外形“变大”来吓唬敌人，如澳大利亚的伞蜥遇到敌人威胁时，就会瞬间把伞状领圈皮膜张开，变得比原先要大一倍。那么，人类要怎样才能把自己变大？古人造了一个字来告诉我们答案—— （甲骨文，大），像不像一个人正面站着、张开双臂双脚的样子呢？的确比立正站好要大多了。所以“大”的本义就是顶天立地的人，引申为大小的“大”，例如大众、大材小用；又引申为很、非常，例如大公无私。

每个人的头上都顶着一片天，“天”是在“大”的上面加一横，那一横表示的就是天空。后来“天”又引申指位置在上部、凌空架设的东西，例如天线、天梯。

若是在“大”的下面加一横画会变成什么字？太——这是隶书的“太”字。在战国时期，太的字形是在一个人的上面叠上另一个人——，那不就是“人外有人”吗？所以，“太”就有了最、极的意思，例如太古，就是比古代还要更久远的年代，大约是传说中盘古开天辟地那个时期。

而人张开双臂双腿站久了，也是会累的，有时会换个姿势将两条腿交叉——（甲骨文，交），字形线条化后为交（隶书），这才让人恍然大悟：原来“交”字交叉的那两撇是腿呀，真是太有趣了！后来，“交”引申为交会、混合，例如昼夜之交、雷雨交加；又引申为互相往来，例如交流、结交。

天

成语家族

异想天开
形容不切实际、不合事理的奇特想法。

巧夺天工
人工的精巧胜过天然，形容技艺十分巧妙。

晴天霹雳
晴天打响雷，比喻突然发生的意外的、令人震惊的事件。

如日中天
好像太阳正在天顶，比喻事物正发展到十分兴盛的阶段。

天壤之别
天与地相隔很远，比喻差别极大。

一手遮天
一只手把天遮住，形容倚仗权势，玩弄手段，蒙蔽群众。

天长地久
像天和地存在的时间那样长久，形容时间悠久，也形容永远不变。

天下无双
天下找不出第二个，形容出类拔萃，独一无二。

天造地设
天建造的，地设置的，指事物自然形成，不用加工就十分完美。

天经地义
指天地间理所当然而不能改变的原则与道理。

知识万花筒

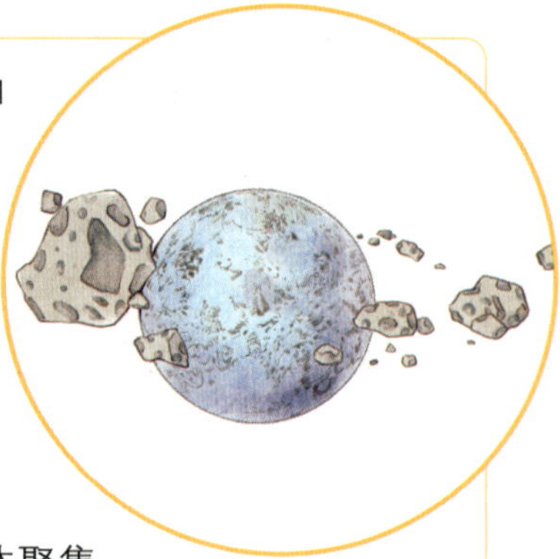

距今40多亿年前，一个由尘埃和气体所形成的星团，在太空中缓慢地旋转。由于本身引力的缘故，这些物质逐渐凝聚起来并开始旋转，星团越缩越小时，旋转的速度便会加快，中心的温度也会升高。后来，这个温度极高的核心形成了一个炽热的星球，就是太阳。

太阳的周围还有许多由尘埃和气体聚集而成的岩块，它们不断和太空中的物质结合，逐渐形成太阳系中的各个行星，地球就是其中之一。原始的地球温度极高，地表是炽热的岩浆，之后冷却成了地壳；而蕴含在地球内部的水分也流淌出来，成为孕育生命的海洋。

shì bù liǎng lì
势不两立

成语故事

苏秦是战国时期著名的外交家和谋略家。当时，西边的秦国越来越强大，时常出兵攻打其他六个诸侯国。苏秦主张联合六国共同抵抗秦国，为了贯彻这一主张，他动身前往六国去说服各国国君。

苏秦首先到燕国拜见燕文侯。从地理位置分析，燕国的旁边就是赵国，但是燕国却制定了错误的战略方策，只担忧远在千里之外的秦国，却不防备隔壁百里之内的赵国。苏秦劝燕文侯和赵国联盟，结为一体。

燕文侯听了，觉得苏秦说的话很有道理，答应苏秦如果真能与赵国结盟，一定会好好地答谢他，并资助他车马金帛去赵国游说。

苏秦到了赵国，向赵肃侯提出联合六国共同抵抗秦国的主张，并建议赵国组建六国联盟，如此一来，六国一体，秦国就不敢出兵侵犯，赵国的霸主事业也就随之而成了。赵肃侯听了，便采纳了他的主张，还资助他去游说其他国家来加盟，以便签订盟约。

接着，苏秦又陆续到了韩国、魏国、齐国，一一拜见各国国君，分析每个国家的状况，凭着三寸不烂之舌，很快得到这三国国君认同，他们决定加盟。

最后，苏秦来到国土比秦国还大一倍的楚国，先对楚威王分析楚国的优势："楚国占地五千余里，军队有百万人之多，还有千辆战车、万匹战马，存粮也够用十年，这些都是称霸的资本，若是连您也臣服于秦国，那其他的诸侯国也一定会全部对秦国臣服了。"

当时，楚威王正因秦国的势力越来越壮大而烦恼不已，每晚都无法好好入睡，听到苏秦这么说，连忙向他请教要怎么做才能抵抗秦国。

苏秦说：“其实秦国最大的忧患就是楚国，楚国强，则秦国弱；相反，若是楚国弱，则秦国强。这是因为敌对的双方无法并存。假如六国的联盟成功了，楚国就能称王；失败了，就变成秦国称王了。所以最好的策略就是六国联合来孤立秦国，要是不这么做，楚国就危险了。”

楚威王十分赞同苏秦的主张，同意加入联盟，共同抵抗秦国。六国结盟后，秦国果然不敢侵犯，这让六国有了十五年的和平生活。

典故出处

《战国策》：“秦之所害于天下莫如楚，楚强则秦弱，楚弱则秦强，此其势不两立。”

成语解释

势不两立：指敌对的双方不能同时并存。

成语用法

他们是势不两立的竞争对手，非要拼出个高下输赢不可。

说说字 立 位 站

我们知道“大”是一个人张开双臂、双脚正面站立的样子，那么，让这个人站在地面上，会变成什么字呢？——这是“立”的甲骨文，原来我们现在所写的“立”字中间那两个笔画是脚，最下面的横画是指大地呀！感觉这个字都活了过来！当然，除了人之外，其他物体也是可以立起来的，所以“立”又引申为树立，例如立竿见影。

若是在“立”的左边加上“人”偏旁，会变成什么字？答案是“位”。这个字目前可见到的最早字形来自战国时期——，表示上朝时，群臣按照官阶高低，依次排列站立在朝堂的左右两边，所以“位”又引申为官职，例如官位、职位；再引申为所站立或坐的地方，例如方位、座位。

而人站立必定会占据地方，所以，“站”字便由“立”+“占”组成，“占”也用来标示这个字的读音。“站”的本义是直立，例如站立、站岗；引申为乘客上下或货物装卸的停车点，例如车站、站牌；又引申成为某种用途而设立的据点，例如加油站、服务站。

立

成语家族

标新立异
提出新奇的主张或看法，以表示与众不同。

立锥之地
指插锥尖的一点儿地方，形容极小的一块地方，也指极小的安身之处。

顶天立地
头顶青天，脚踏大地，形容身躯强壮高大，气概豪迈。

坐立不安
坐着也不是，站着也不是，形容焦急、烦躁，心神不宁的样子。

鹤立鸡群
像鹤站在鸡群中一样，比喻人的仪表或才能超群出众，不同凡俗。

鼎足而立
像鼎的三只脚一样，三者各立一方，比喻三方势力均等、相互牵制的情势。

成家立业
指结婚组建家庭并建立事业。

特立独行
指行为独特，不随俗，不从众。

安身立命
指有了容身之处，生活有着落，精神上有所寄托。

亭亭玉立
形容女子身材修长苗条、体态秀美的样子。

知识万花筒

民间传说端午节的正午是一年之中阳气最重的时刻，若是在此时将鸡蛋直立起来，之后的一年便会有好运气，后来，“立蛋”就成了端午节的习俗之一。

可是鸡蛋圆圆的，要怎样才能成为“立蛋达人”？其实，只要找到蛋和地面的三个接触点，即使接触点很小，也能使蛋立起来。只是这种状态下的平衡是很不稳定的，稍微有一点儿外力干扰，就会让蛋失去平衡而倒下。怎样才能找到三个接触点呢？若是蛋壳够粗糙，仔细观察就能找到蛋壳上的三个接触点；若是蛋壳很细腻，有人会撒盐，只要蛋的下方有三颗盐粒，也可以让蛋立起来！

wáng xiáng wò bīng
王祥卧冰

成语故事

晋朝时，琅琊郡（现在的山东临沂）有个孝子叫王祥。他的亲生母亲很早就过世了，父亲再娶，但是继母只疼爱自己生的儿子，对王祥非常坏。

有一年冬天大雪纷飞，继母病倒了，想喝热热的鲜鱼汤，但是河面都结冰啦，哪儿来的鲜鱼呢？

王祥为了满足继母的愿望，便拿了把柴刀和渔网到结冰的河面去，想把冰层砍破好捕鱼。

然而冰层太厚了，砍了许久，王祥的身体都热了起来。他停了下来，把碍事的大棉袄脱下来。这时，他突发奇想：或许我能用体温把冰融出个小洞吧？

王祥赶紧脱掉上衣，躺到冰面上，他的嘴唇冻得发紫了，身体也不停发抖，但是他仍然坚持着要捕条大鱼给继母煮鱼汤。

突然，冰层传来细细的碎裂声。王祥赶紧起来，发现结冰的河面真破了个小洞，还有两条肥美的大鲤鱼从洞里跳出来，落在冰面上挣扎着。王祥欣喜地连忙抓起两条鲤鱼奔回家。

又有一次，继母突然很想吃烤黄雀，要王祥捕黄雀来烤给她吃，但是黄雀在天上飞，要怎样才能抓到呢？

王祥在树林间搭起捕鸟的网子，拿支长竹竿扰动树枝，竟有数十只黄雀从茂密的树叶中飞出来，全部冲到捕鸟网内。于是，王祥没费多大的力气，就完成了继母交代的任务。

王家的庭院里种着一棵苹果树，每到果子成熟时，红通通的外皮和黄白细腻的果肉散发出来的果香，常叫人食指大动。

继母非常喜欢吃苹果，担心鸟雀会来啄食，就叫王祥在院里赶鸟雀。

典故出处

《搜神记》："母常欲生鱼，时天寒冰冻，祥解衣，将剖冰求之。"

成语解释

王祥卧冰：比喻子女孝顺父母。

成语用法

他对母亲的孝顺程度，就好像古代的"王祥卧冰"一般。

某天夜里，突然狂风大作，还下起暴雨，雨点像石头般密密地落在屋顶上，吵醒了王祥。

王祥睁开惺忪的睡眼，想起院里果实累累的苹果树，顾不得披外衣，就冲到院里查看。

那棵苹果树果然被狂风暴雨侵袭得枝叶左摇右摆，果子落了一地。

王祥急得上前抱住苹果树，哭喊着要苹果树别再落果子了，这时，风雨竟渐渐地停歇下来，王祥终于保住仅剩不多的果子。

后来，继母被王祥的孝行感动，终于把他当亲儿子对待了。

说说王民字

你知道中国哪个姓氏的人口最多吗？答案是"王"。王姓的主要来源有四个：姬姓、子姓、妫姓和少数民族改姓。其中"姬姓"是来自周朝的王族，后代因失去权势或战乱流离而分化出来，他们过去属于王族，便以"王"为姓。

“王”的本义是统治天下的君主，在甲骨文中，刻画的是一个穿着宽大衣袍的君主端坐的样子——，上面的一横是天，下面的一横是地，而王处于天地之间，地位可跟天地并称，是至高无上的人；也有人认为是一把有斧柄的宽大战斧，加上上面的一横表示这是由王者所持有的，王者就是战场上拥有最高权力的统帅；后来古人又将字形写成三横一竖——（金文），那三横表示天、人、地，一竖表示贯通，能将天、人、地三者贯通的人，就是王者。之后，“王”由君主引申为同类中的首领，例如万兽之王；再引申为技艺超群的人，例如歌王。

一个国家有君王，也有平民百姓，“民”字的由来有些残忍，（甲骨文）是一只被刺瞎的眼睛，上面是眼睛的形状，下面看起来像十字的符号是一把尖锐的利器。殷商时期会将战犯归为奴隶阶级，命令他们劳动，为了防止奴隶逃跑，便刺瞎他们的一只眼睛。所以“民”的本义就是奴隶，引申为社会最底层的百姓，例如民众、民不聊生；又引申为与人民有关的，例如民宅、民意。

成语家族

擒贼擒王
打击敌人要先击败为首的人。比喻做事要能抓住要害，把握关键。

鹅王择乳
将水和乳汁放在同一个器皿中，鹅王仅喝乳汁而留下水，比喻选择上乘、精华。

淮王鸡犬
淮南王刘安家的鸡和狗吃了他吃剩的丹药，也跟着一起升天成仙，比喻攀附别人而得势的人。

称王称霸
比喻凭借权势横行一方，或狂妄地以首脑自居。

混世魔王
比喻扰乱世界、给人们带来严重灾难的人，有时也指成天吃喝玩乐、到处胡闹的有钱有势人家的子弟。

天王老子
比喻尊贵显要、有权势的人。

老王卖瓜
歇后语，从“王婆卖瓜——自卖自夸”演变而来，比喻自己称赞自己的货色好或本领高强。

成王败寇
成功者权势在手，无人敢责难，失败者却有口难辩。

目无王法
不把国家法律放在眼里，形容人不受约束地胡作非为。

霸王别姬
形容英雄豪杰处于穷途末路，慷慨悲壮，不胜凄凉。

知识万花筒

古人认为王者是至高无上的人，所以王者的自称也要跟一般人不同，我们看古装剧时，常会听到皇帝自称“朕”，此外，皇帝也常以“孤”“寡”“寡人”“不穀”来谦称自己。

所谓的“孤寡”就是无依无靠的人，“不穀”是不好、不善的意思，王者用这几个词谦称自己。王者在讲话、发布命令时，也会自称“予一人”，表示自己只是群众中的一个人，也是一种谦称；至于先王死后，还在服丧期间的王者，则会谦称“予小子”。

lì bù cóng xīn
力不从心

成语故事

我们今天说一个文人改行当军人，会用“投笔从戎”这个成语，而“投笔从戎”的祖师爷和最佳典范，就是东汉的著名将领——班超。

班超从小就很用功，也胸怀远大的理想。公元62年，班超的哥哥班固被汉明帝召入洛阳当官，班超和母亲便跟着一起迁居到洛阳。

当时，班超的父亲已过世多年，光靠班固当个芝麻官的收入，实在不够一家人生活，于是，班超找了个替官家抄书的工作来挣钱养家。

只是，抄书抄久了，班超越来越觉得乏味，有一天，他烦闷地把笔一丢，决定弃文从军去了。

不久，班超便当上一名军官，被汉明帝派往西域，平定和安抚了西域五十几个小国，让他们归顺汉朝。

班超立下了汗马功劳，汉明帝就赐他做“西域督护”，还封他为“定远侯”，让他驻守在西域，维护边界的和平。

转眼间，班超在西域待了将近三十年，这么多年尽忠职守，他的一头黑发早就染上白霜，成了年近七十岁的体弱多病的老人，他时时想着能够回到家乡养老，于是写了一封信向皇上陈情。

不料，他寄给皇上的信却像石沉大海，三年过去了，汉明帝完全没有给他任何答复。班超急了，人要落叶归根，他可不想老死在西域啊！

幸好，班超有个非常有才华的妹妹，名叫班昭。班昭知道哥哥的状况后，马上写了一封文情并茂的信，送到宫中向皇上求情，信里写道：“班超是同去西域的人里年龄最大的一个，现在已经过了七十岁，体弱多病，头发也全白了，不但手脚不利索，需要撑着拐杖才能行走，就连眼睛和耳朵也不好使了。假如西域突发暴动，以班超的体力，恐怕无法担此重任，这样一来，就会损害国家在西域好不容易取得的成果，实在令人痛心呀！”

汉明帝看了信，被兄妹俩的亲情感动，同时考虑到班超已经没有留在西域的必要，就下令将他召回洛阳。

班超回洛阳不到一个月，就因病情加重而过世了。

典故出处

《后汉书·班超传》：“如有卒暴，超之气力，不能从心。”

成语解释

力不从心：比喻力量不够，无法实现愿望。

成语用法

他想送孩子出国念书，却力不从心。

说说字 从 比 北

“人”这个字，是根据人弯腰站着、手臂向前斜伸的侧面样子造出来的——，那么，重复两个人，会变成什么字？（甲骨文，从）是一个人跟在另一个人身后，所以有跟随的意思；后来，古人又在字形的左边加上道路，下面加一只脚掌——（金文），强调在路上脚步要紧跟

着前面那个人行进，今天的繁体字**從**仍保留具有这种寓意的字形，简体字则是采用俗体楷书**从**的字形。“从”的本义是追随、跟随，引申有依顺的意思，例如服从、听从。

可是，两个人不能老往左边走，换个方向朝右边走走，又会变成什么字？是甲骨文的“比”，看起来很像两个人前后紧挨着，所以有关系密切、两相并列的意思。但是，两个人靠得太近、关系太紧密时，难免会产生互相较量的心理，因此“比”又引申出较量的意思，例如比较、比赛。

只是“人比人，气死人”，两个人容易因此吵架，这时谁也不理谁，背靠着背，又会变成什么字？（甲骨文）原来是“北”！所以，“北”就有违背、背离的意思；因为军队打仗失败时，常会转身背对着战胜方逃跑，所以“北”又引申为失败，例如败北。之后，“北”被借去当作表示方位的北方，就另外在“北”的下面加个表示身体的“肉”，成为“背”字，来取代“北”字原先的背离的意思。

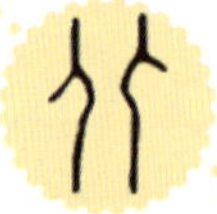
甲骨文

金文

战国文字

小篆

隶书

楷书

从

成语家族

从中作梗
在事情进行中设法阻碍、捣乱。

从善如流
形容能迅速地接受别人的好意见。

祸从天降
灾祸从天上落下来，比喻意外的灾祸突然到来。

言听计从
什么话都听从，什么计谋都采纳，形容对某人十分信任。

悲从中来
指悲伤的情感从内心涌现出来。

从中渔利
指用不正当的手段，趁机从中捞取好处。

从容不迫
形容人举止不慌不忙，沉着镇定。

祸从口出
灾祸从口里产生，指说话不谨慎，往往容易招致祸害。

天从人愿
上天顺从人的意愿，指事情的发展正合自己的心愿。

无所适从
不知听从哪一个好，指不知怎么办才好。

知识万花筒

比目鱼是种很奇特的鱼，它的两只眼睛都长在身体的同一侧。

其实，比目鱼刚从鱼卵孵化出来时，两只眼睛也是长在身体的两侧，常常四处游玩。但是当它们长到大约二十天时，身体各部位的发育开始不平衡，让它们无法正常游泳，只能侧卧到海底。这时，又因为两边脑骨生长不平衡，位于身体下的眼睛受到软带不断增长的影响，会逐渐往上移动，经过背脊到达另一侧，跟另一只眼睛并列。此外，比目鱼还有脸朝左和朝右的区别哟！朝左的叫“鲆鱼”，朝右的叫“鲽鱼”，成语“鹣鲽情深”里的“鲽”，指的就是脸朝右的比目鱼。

zuò jǐng guān tiān
坐井观天

成语故事

很久以前，在一口废弃的井里，有一只青蛙，他对自己居住的地方满意极了，一有机会就会大力吹嘘一番。

有一天，青蛙吃饱喝足后，无聊地坐在井边休息，突然看到不远处有只大海龟在散步，青蛙赶紧扯开嗓门喊："海龟兄，过来呀！"

海龟缓缓地爬过去，青蛙立刻对这位陌生的访客说：“你今天的运气真好，刚好遇到我，可以有机会大开眼界。”

“太好了，我四处游历，就是想多看些新奇事物，你这儿有什么新奇的东西吗？”海龟好奇地问。

“当然有，就是我住的这口井啊！”青蛙得意地说，“你一定没见过这么宽敞的住所，住在里头可惬意啦！心情好时，我会跳上井边玩耍；玩累了，就回到井壁的石洞里休息。当井水的高度较高时，我会舒服地泡在井水里；井水快干了，我就愉快地在井底的稀泥中散步。你看那些小虫、小螃蟹、小蝌蚪，哪个过的生活能够跟我比呢？而且，我独自占据这口井，想跳就跳，想休息就休息，真是快活极了！说了这么多，你想不想进来参观我的住所？”

海龟连忙点头，想要爬进井里，可是他的左脚还没踏进去，右脚就已被井壁卡住啦！

费了一番功夫，海龟好不容易脱身，说什么也不肯再踏进那口井。

“海龟兄，今天这么好的机会，你不进来参观，真是太可惜啦！”青蛙惋惜地说。

海龟想了一会儿，问道：“青蛙老弟，你去过东海吗？”

“没有，东海有什么新奇的东西吗？”

“说到我以前待过的东海，用千里也不足以形容它的广大，用万丈也不足以表明它的深度。”海龟说，“传说在夏禹当国君时，

典故出处

《原道》："坐井而观天，曰天小者，非天小也。"

成语解释

坐井观天：比喻眼界狭小，见识少。

成语用法

养成阅读的好习惯就能避免坐井观天。

十年内有九年是闹水灾的，可是海水并没有因此变多；到了商汤王在位时，八年内有七年是闹旱灾的，可是海水并没有因此减少。海是这样的广大，并不会随着时间的长短而改变，也不会受到水灾或旱灾的影响。我说青蛙老弟呀，比起你住的这口小小的井，那广阔没有边界的大海，住起来才是真正的舒服快乐呢！”

青蛙听了，惊讶地大张着嘴，半天说不出一句话来。

说说夫伴坐字

人是群居的动物，都希望有人为伴，“伴”字在古文中，就是按照两个人肩并肩站着的样子来造的—— ，但这两个人似乎跟我们之前看过的人（）不大一样，因为他们的头上多了一根发簪—— （甲骨文，夫）。在古代，只要女孩子年满 15 岁，就要用发簪把头发扎起来（称为“及笄”）表示成年，可以嫁人了；男孩子则是在 15 岁时束发，插发簪，20 岁时在头上加戴一顶帽子（称

为“弱冠”）表示成年，可以娶妻，成为“丈夫”了。所以，当两个成年人肩并肩站在一起举行过婚礼，就表示他们的人生有伴了。后来，的写法变成（小篆），左边是“人”，右边是“半”，“半”除了用来标示读音外，也表示成年人假如没有伴侣，就好像只是半个人，并不完整。后来，“伴”引申为陪伴、随同，例如伴唱、伴舞。

有伴侣是件好事，但两人不能老是站着，那多累呀！假如让这两人面对面地坐下来，又会变成什么字呢？（小篆，坐）是两个人弯曲着身体，准备要跪坐在地上的样子。为什么不坐在椅子上呢？这是因为还没发明椅子时，古人是在地上铺一张席子，直接跪坐在席子上的——（甲骨文），因此产生了“席地而坐”这个成语。“坐”的本义是坐下，引申为位置所在，例如坐北朝南；又引申为搭乘，例如坐飞机。

甲骨文

战国文字

小篆

隶书

楷书

坐

成语家族

正襟危坐
整理服装仪容，端正地坐好。形容庄重严肃或拘谨的样子。

坐吃山空
只坐着吃，山也要空，指光是消费而不从事生产，即使有堆积如山的财富，也要耗尽。

坐以待毙
坐着等死，形容面临危难，不积极奋发，坐等失败。

平起平坐
原指地位相同的人行平等的礼节，同时站起，同时坐下，比喻权势地位相等。

坐观成败
坐在一边，观看别人的成败，指对别人的成功或失败抱持冷眼旁观的态度而不参与。

坐享其成
自己不出力而享受别人取得的成果。

如坐针毡
像坐在插着针的毡子上，形容心神不宁，坐立不安。

坐收渔利
渔夫趁着鹬和蚌争执不下，两败俱伤时，轻松拾起两者，比喻利用别人彼此间的冲突矛盾而获利。

坐失良机
指不主动及时行动而白白地失去好机会。

知识万花筒

在汉朝之前，古人的坐具是席子而不是椅子，而且是采取跪坐的方式坐在席子上。想想看，用这样的姿势坐久了，腿很容易发麻，的确不大舒服，所以，汉灵帝发现胡人居然是坐在一种可以折叠或展开的“胡床”上时，立刻将它引入宫中使用。不久，它就成了贵族家中的必备坐具，只有男主人或宾客才有资格享用。

只是，那时的“胡床”是没有靠背的，到了唐玄宗时，才多了靠背，称为“逍遥座”。而“椅子”这个称呼也是到了唐朝才有的，在那之前，“椅”这个字是一种树木的名称（又称为“山桐子”），木材可以做家具。

zuò wēi zuò fú
作威作福

成语故事

东汉后期，外戚和宦官集团轮番操控政权，导致国家动荡不安，为了确保皇帝能乖乖听话当个傀儡，这两大集团的人都喜欢拥立年幼的皇帝。

因此，公元 126 年，宦官首领孙程发动宫廷政变，拥立年仅 11 岁的刘保当皇帝，刘保就成了东汉的第七位皇帝——汉顺帝。

有了皇帝当靠山，宦官的势力便迅速壮大起来，毫无顾忌地做了许多贪赃枉法的事。

这一切，引起朝中一个官员的强烈愤慨，这个人叫李固，来自官僚世家，为人正直，疾恶如仇，而且敢于讲真话。

李固看不惯宦官们无法无天的样子，多次上书给汉顺帝，劝皇上整顿一下宦官。在梁皇后的支持下，顺帝终于撤销了一百多名宦官的官职。

那些权势被剥夺的宦官们，对李固恨得牙痒痒的，总想逮到机会报复一番。

后来，在皇后的哥哥、大将军梁冀的支持下，宦官们联名上书给顺帝，说李固排斥皇上的亲信大臣，使这些臣子不能在皇上身边侍奉，还诬告他作威作福，滥用权势，横行霸道，罪该杀头。

顺帝拿不定主意，回宫征询梁皇后的意见，幸好正直的梁皇后十分信任李固，劝顺帝要明辨是非，分清忠奸，李固才免遭杀身之祸。

只是，过了没几年，年纪轻轻的汉顺帝就驾崩了。

李固没了皇帝可依靠，无法推动朝政改革，而且为了立谁当下一任皇帝的事，又跟梁冀处于敌对状态。

后来，在梁冀的把持下，立了 2 岁的刘炳为冲帝，以便他彻底掌握政权。这时，李固也升为太尉，成了朝廷执掌军事的最高官员，与大将军梁冀的权力不相上下。

然而隔年，年幼的冲帝就死了，这时要再立谁为帝又成了李固与梁冀的斗争焦点。

李固推举的是年长有德的清河王刘蒜，认为这样皇帝就可以亲自主持朝政，避免被外戚家族操控。

但是这个主张却会剥夺梁冀的权力，梁冀怎么会同意呢？于是，梁冀便一意孤行地立了年仅 8 岁的刘缵为质帝。

质帝虽然只有 8 岁，却很早熟，他把梁冀的专横都看在眼中，还曾在上朝时当着文武百官的面指责梁冀，说他是“跋扈将军”，这让梁冀极为恼怒，不久就找机会毒死了质帝。

接下来的第三次立帝问题，让李固与梁冀发生了激烈的斗争。梁冀强行立了 14 岁的刘志为桓帝后，便找名目杀了李固。后来，东汉就在这种不稳定的政治状态下迅速走向灭亡。

典故出处

《后汉书·李固传》：“善则称己，过则归君，斥逐近臣，不得侍送，作威作福，莫固之甚。”

成语解释

作威作福：指借着权势来欺压别人。

成语用法

那个喜欢作威作福的官员，因为贪赃枉法被抓，真是大快人心。

战国文字

小篆

隶书

楷书

说说乍作做字

在“作威作福”中，重复用了两次“作”字，都表示从事、进行某种活动。“作”由“人（亻）”+“乍”组成，在古文中，一开始只有“乍”字，“乍”就是“作”的意思。“乍”的甲骨文像拿把刀砍伐木头，上面看起来像V的符号是木头的缺口，有的字形还加上纵横的刻纹——，所以“乍”的本义就是制造。后来被借去指突然，例如初来乍到，就在左边添加“人”偏旁——（战国文字），强调是人在制造某物，所以“作”就有了制造、创造的意思，例如作怪、作曲；引申为兴起，例如兴风作浪、狂风大作。

至于另一个同音，意思也相近的“做”字，则是在隶书时期才创造出来的。因为“做”也有从事某种工作或活动、制造、当的意思，例如做买卖、做衣服、做人，所以在这些意思下和“作”是通用的。一般来说，当从事的活动较具体时，大多用“做”字，例如做事、做饭；若是从事的活动较抽象，或是书面色彩较重，则用“作”字，例如写作、杰作、为非作歹。

作

成语家族

大有作为
能够极大地发挥作用，做一番贡献。

一鼓作气
比喻趁劲头大的时候一下子把事情完成。

装腔作势
故意装出某种腔调或姿态。

作茧自缚
蚕吐丝作茧，把自己包在里面。比喻做了某件事，结果使自己受困，也比喻自己给自己找麻烦。

以身作则
以自己的言行作为他人的榜样。

为虎作伥
替老虎作伥鬼。比喻充当恶人的帮凶。

敢作敢当
敢于放手行事，敢于承担责任。

胡作非为
不顾法纪或毫无顾忌地做坏事。

自作自受
自己招惹事情，由自己承担不良的后果。

自作聪明
自以为聪明而擅作主张。指过高地估计自己，凭主观办事。

知识万花筒

我们现在使用的东西大多由工厂制造，古代从事生产制造的场所，则称为“作坊”。

在殷商时期，官府就成立了作坊，从事贵族生活用品、武器和礼器的生产制造，还设有专人管理。到了西周，官府作坊的种类就扩大到三十多种，包括容器、玉器、皮革、建材、运输工具、兵器等，由官府提供生产所需的材料并给工匠提供食宿，工匠必须按图制作器具，并设有监工督促工作，生产出来的产品绝大部分提供给官府使用，不能在市场上出售。到了东周，才开始有民间作坊从事个体手工业，由作坊主人带领帮工或学徒，运用简陋的工具来生产。

liǎng quán qí měi
两全其美

成语故事

东汉末年，个性残暴的董卓挟持汉献帝，操纵朝政大权，并且有篡位的野心，引起司徒王允的不满。

王允每天都想要除掉董卓，但是因为董卓的身边有个武艺高超的养子吕布，所以一直无法如愿。

有一天夜里，王允翻来覆去地睡不着，索性起身走到花园里望月感叹。

“唉——”

一旁突然传来长长的叹息声，把王允吓了一跳，原来是他的养女貂蝉，因为担心义父为国事操劳，所以在半夜里叹气。

王允心想，这个养女不但才貌双全，还真心体贴自己，不免感动起来。

这时，突然有个计谋闪过王允的脑海——或许能借由貂蝉设一个“连环计”，离间董卓和吕布，只是不知道貂蝉愿不愿意为国家牺牲。

貂蝉听了王允的计谋后，毫不犹豫地答应了。

第二天，王允派人到丞相府邀请吕布到家里来做客，并请貂蝉出来敬酒。

吕布见到貂蝉，惊为天人，目不转睛地直盯着貂蝉，连酒都忘了喝。

王允见状，就示意貂蝉先退下，再压低声音说：“其实我今天请将军前来，就是想将小女貂蝉许配给将军啊！不知道将军意下如何。”

吕布一听，高兴得合不拢嘴，不用说王允的家世显赫，光是貂蝉的美貌，就让他迷醉不已了，于是当场约定选个吉日成亲。

过了几天，王允上朝后，趁吕布没跟在董卓身边

典故出处

《连环计》："司徒，你若肯与了我呵，堪可两全其美也。"

成语解释

两全其美：指做一件事顾全双方，使两方面都得到好处。

成语用法

这个两全其美的办法，让产生冲突的顾客和店家都有了台阶下。

的时机，赶紧邀董卓到家里宴饮。

董卓正想笼络朝中大臣，便爽快地答应了。

在宴席上，王允又叫貂蝉出来唱歌跳舞助兴。

董卓一看见貂蝉，立刻被她的美貌吸引，如痴如醉，他对王允说："司徒大人啊，我再过不久就能做成一件大事，却少了一个好夫人为伴，假如你可以把这个美女许配给我，就算两全其美啦！"

王允见董卓中计了，就当场让董卓带走貂蝉。

得知这件事的吕布气冲冲跑去找王允理论，王允却故意委屈地说董卓明知貂蝉已经许配给吕布，还是强行带走她，这也是无可奈何的事啊！

于是，从那时起，吕布就对董卓怀有怨恨，决定与王允联手杀掉董卓。

说说美字

你看过印第安人的战士在重要场合戴着用长长的羽毛做成的“羽冠”吗?羽冠都是由鸟类中最凶猛的鹰或是鸯和火鸡的长尾羽制成的，象征着勇敢、美貌与财富，而且鹰羽冠必须是有战功的战士才能戴。

其实，中国古代也有类似的装饰物，因为长尾羽并不容易获得，所以一定是有某种身份地位的人才能拥有。我们看到戴着华丽羽冠的印第安人都会觉得很漂亮，古人当然也不例外。“美”在甲骨文中，就像头上戴着长尾羽冠的人—— ;后来，古人将上面的羽冠改成“羊”，下面还是表示人形的“大”—— （金文），有人说这是因为商周时期常把温驯的羊当成祭品，只要羊长大，滋味肥美了，就可以拿来献祭。因此，“美”又有滋味好的意思，例如美味、美食；之后“美”又引申出好、善的意思，例如完美、物美价廉。

美

成语家族

十全十美
比喻圆满美好、毫无缺陷。

美如冠玉
原比喻只是外表好看；后形容男子的仪容标致，相貌英俊。

黄粱美梦
煮一锅小米饭的时间，做了一场美梦，比喻虚幻的不能实现的梦想。

美轮美奂
形容房屋高大华丽。

成人之美
成全别人的好事。

美玉无瑕
美玉上面没有斑点，比喻人或事物完美得无缺点。

良辰美景
美好的时光，宜人的景色。

价廉物美
东西便宜，质量又好。

美不胜收
形容美好的事物、景色非常多，人们一时间领略、欣赏不过来。

美中不足
总体很好，但局部还有不够完善的地方。

知识万花筒

很多人都看过安徒生的美人鱼童话，然而，海中真的有这种半人半鱼的奇特生物吗?

1962 年，多家报刊都报道了一起科学家活捉小人鱼的事件。当时，一艘载有科学家和军事专家的探测船，在古巴外海捕获了一个会讲人类语言的小人鱼，其皮肤是鳞状的，有鳃，头像人，尾像鱼。后来小人鱼被送往黑海一处秘密的研究机构中，以便科学家做深入的研究。之后世界各地陆续有人表示曾经目击过人鱼，不过发现时不是已死亡就是快速游走了，这给这种奇特的生物又添了一层神秘面纱。

niú láng zhī nǚ
牛郎织女

成语故事

很久以前，牛家庄有个忠厚的放牛小伙子，人们都叫他“牛郎”。

父母很早就过世了，牛郎只能跟着哥哥嫂嫂过日子。嫂嫂对他很不好，经常虐待他，不但让他干很多的活儿，还逼他分家。

牛郎不想让哥哥为难，只好带着一头老牛离开，找了一个地方安顿下来。

有一天晚上，老牛在牛郎的梦中告诉他，明天天帝的女儿们会下凡游玩，只要等她们玩累了到河边洗澡时，偷偷地拿走其中一件衣服，那个衣服被拿走的仙女无法回到天上，牛郎就可以娶她为妻了。

第二天，牛郎来到河边，果然看到有七个仙女在洗澡。

牛郎偷了其中一件衣服，那件衣服是天帝最小的女儿织女的。织女见牛郎为人诚恳，就答应与他成亲。

牛郎和织女成亲后，陆续生下一男一女，一家四口过着男耕女织的幸福日子。但是某天，这件事让王母娘娘知道了，她生气地把织女带走了。

牛郎追不回织女，很伤心，老牛又在牛郎的梦中说它明天中午就会老死了，只要牛郎把牛皮披在身上，就可以到天上。

第二天中午，老牛果然死了，牛郎照着老牛的指示，用扁担挑着两个孩子，再披上牛皮上天去找织女。

王母娘娘见牛郎追来了，便拔下头上的发簪，划了一道银河，把这对恩爱的夫妻分开。

牛郎和织女只能每天遥望哭泣，这事感动了王母娘娘，她终于答应让他们在每年的七月七日相会一次，相会时，由喜鹊帮他们搭桥。

典故出处

《荆楚岁时记》：“天河之东有织女，天帝之子也……许配河西牵牛郎，嫁后遂废织衽。天帝怒，责令归河东，唯每年七月七日夜一会。”

成语解释

牛郎织女：比喻分隔两地，难以会面的夫妻或情侣。

成语用法

因为工作的缘故，这对夫妻像牛郎织女般分居在不同城市，很难见一次面。

说说女妈姐妹字

在《牛郎织女》故事中的“织女”，指的是从事织布工作的女人。因为古代男女分工，男人的力气较大，通常从事户外劳动，女人则在家里纺纱织布，“女”字就是按照一个女人跪坐着的形象创造的——（甲骨文），她的双手向前交叠着，看起来很娴静温柔；后来古人在这个女人的头上加了一根发簪——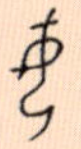（金文），表示她已经满 15 岁，成年了，可以结婚。所以“女”的本义就是雌性的人类，例如少女、淑女。此外，“女”也是个部首，跟女性有关的字，大多有个“女”偏旁，例如姑、姨、婆。

甲骨文

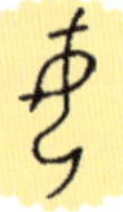

金文

战国文字

小篆

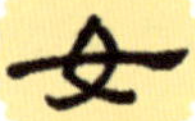

隶书

楷书

当女人生了宝宝后，宝宝饿了只会哇哇大哭，发的音就像拉长的 a，而宝宝吸吮母乳时因为嘴唇闭合，气流从鼻子出来，又发出了 m 的音，m 和 a 是宝宝最先会发的音，将这两个音结合就成了 ma，便以 mama 来称呼提供给他食物的人，因此古人就在“女”的右边加上与 ma 读音相近的“马”，组成“妈”字。后来，“妈”也引申为对年长女性的称呼，例如姑妈、王妈妈。

中国地域广大，对母亲有多种不同的称呼。在汉朝时，蜀地（现在的四川）的方言称母亲为“姐”，这是一个由类别（女）加上读音相近的声旁（且）所组成的形声字，当时把年龄比自己大的同胞女子称呼为“姊”，“𠂔”（zǐ）也是用来标示读音的；到了唐朝，“姊”和“姐”字就混用了。后来，“姐”也引申指比自己年龄大的女性，例如李大姐；也作为对女性的通称，例如小姐。

人们通常称比自己年龄小的女性为“妹”，“妹”的左边是“女”，表示她是女性，右边的“未”则用来标示读音。“未”的甲骨文  是一棵树的枝条上又多了一重枝条，而亲妹妹和自己出自相同血缘，就像同一棵树木上有一重枝条后又生了一重枝条。此外，“妹”也可用来称呼比自己年龄小、年轻的女性，例如学妹、打工妹。

女

成语家族

天女散花
原为佛教故事，天女散花以试菩萨和声闻弟子的道行，花至菩萨身上即落去，至弟子身上便不落。后多形容抛撒东西或大雪纷飞的样子。

儿女心肠
指年轻男女的柔情，亦指感情丰富、助人为乐的心性。

拖男带女
带领着子女。多用于形容旅途的辛苦或生计的艰难。

红男绿女
穿着各色华丽服装的男女。

窈窕淑女
指体态美好又有德行的女子。

郎才女貌
形容男女双方才貌相配。

金童玉女
道家指侍奉仙人的童男童女，后泛指天真无邪的男孩女孩。

女娲补天
形容改造天地的雄伟气魄和大无畏的斗争精神。

儿女亲家
指两家儿女结为婚姻的亲戚关系。

女中豪杰
指出类拔萃、具有男子气概的女子。

知识万花筒

蜜蜂是一种有严密组织的昆虫。一个蜂巢中，只能有一只蜂王，当蜜蜂的数量太多时，就会进行“分封”，工蜂会建造几个特殊的蜂房——王台，由老蜂王在每个王台中产下一颗卵。等卵孵化成幼虫，工蜂就喂幼虫吃蜂王浆。这时，老蜂王就会带领少数工蜂出去另筑新巢。

新生的小蜂王会展开生死对决，由存活的那只称王。蜂王的主要任务是产卵，因为她是所有新生蜜蜂的母亲，所以又称为“母蜂”。蜂王一天最多可以产卵两千多颗，是自己体重的一半，靠着食用营养丰富的蜂王浆，蜂王在三到五年的生命中，总共可以产下一百多万颗卵。

mèng mǔ sān qiān
孟母三迁

成语故事

孟子名轲，是战国时代的大思想家。他传承并发扬了孔子的思想，成为仅次于孔子的儒家宗师，被称为“亚圣”，和孔子合称“孔孟”，地位非常崇高，而孟子会有这样的成就，与他母亲的教育密不可分。

孟轲三岁就没了父亲，全靠母亲一人维持家计，母亲日夜纺纱织布，辛苦地将他抚养长大。

但是孟轲小时候非常顽皮，喜欢玩模仿游戏。

起初，孟家住在墓地附近，时常可以看见送葬队伍经过，孟轲常常跟在后头，甚至到了墓地，跟着队伍哭哭啼啼地祭拜死者，被沿路找来的孟母看见，孟母气得边骂边把他扯回家。

“不行，这地方不能再待了。”

孟母看着脸庞布满肮脏泪痕、沉沉睡去的孟轲，决定要立刻搬家。

孟母把家搬到市集旁，每天人来人往，非常热闹。

孟轲最喜欢到市集看商人叫卖，和邻居小孩玩商人买卖的游戏，孟母看了觉得不行，又决定搬家了。

这一次，孟家隔壁住着一个屠夫。虽然家里穷，吃不起猪肉，但孟轲最喜欢跑到屠夫家，看屠夫拿刀剁猪肉的样子，回家后就拿起菜刀，模仿屠夫剁猪肉的样子乱砍乱切。

这一幕又让孟母看到了，孟母气得拿走菜刀，不准孟轲再玩这种模仿游戏，并决定立刻搬家。

孟母特意搬到一所学堂附近，学堂里有个头发花白的老师每天都会领着一群孩童读书。

孟轲躲在学堂外，偷看那些孩童摇头晃脑地诵读着：“学而时习之，不亦说乎？有朋自远方来，不亦乐乎？”那拖长的腔调听起来就像唱歌，好听极了。

孟轲学着摇头晃脑的学童边念“学而时习之，不亦说乎”边蹦蹦跳跳地回家，孟母听到了，很高兴孟轲这回喜欢上读书，就

典故出处

《孟子题词》："孟子生有淑质，幼被慈母三迁之教。"

成语解释

孟母三迁：形容家长为教育子女，选择良好的学习环境所花的苦心。

成语用法

为了孩子的教育，张妈妈发挥孟母三迁的精神，搬到一所办学严谨的学校附近。

送孟轲去学堂。

但是，孟轲一开始只是喜欢模仿读书，并不是真的喜欢读书，有一天还逃学溜回家。

孟母发现孟轲逃学，生气地拿起剪刀把正在织的布剪断，告诉孟轲："你荒废学业，就像这织到一半被剪断的布一样没了身价，以后只能做劳役工作，而且难以避免祸患。"

孟轲这才有所感悟，开始勤奋学习，终于成为儒家的一代宗师。

说说 母 奶 每 字

现在有很多婴儿是喝牛奶长大的，但在古代，婴儿的主要食物是母乳，能够提供母乳的人，便被称为"母"。"母"是在跪坐女人（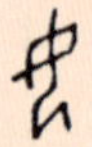）的胸部多加了两点——（甲骨文），强调那是女人哺喂婴儿的乳房，字形线条化之后成为（战国文字），就很像我们现在写的楷体字母了。后来，"母"又引申为雌性的通称，例如母鸡、母牛；再引申为

根源，例如失败为成功之母。

至于母亲哺喂婴儿的乳房，俗称“奶”，是由表示类别的“女”加上标示读音的“乃”组成的形声字，引申为抚养，例如“泰山是被母猩猩奶大的”；又引申为对祖母及与祖母同辈分的女性的称呼，例如奶奶、老奶奶。

自然界的动植物都有哺育他们长大的母亲，植物的母亲称为“大地之母”，大地像母亲般竭尽所能地提供养分，滋养植物生根发芽。（甲骨文，屮，chè）是刚长出来的小草，中间的一竖是茎，两旁斜出的是小叶子，在的下面有孕育它的大地之母，于是+就变成（金文，每），小草获得大地之母的滋养便会长得很茂盛，因此“每”的本义就是草叶茂盛的样子；而每株小草都接受大地之母的滋养，大地之母是一视同仁的，不会偏爱其中一株，所以“每”又引申表示整体中的任何一个，例如每个、每人。

甲骨文

金文

战国文字

小篆

隶书

楷书

母

成语家族

父母恩勤
指父母养育子女的恩惠和辛劳。

贤妻良母
贤惠的妻子和慈爱的母亲。称赞女子贤淑。

不忘母训
指不忘记母亲的教诲。

顽父嚚母
指愚顽暴虐的家长。

升堂拜母
登上厅堂，拜见好友的母亲，指互相结拜为友好人家。

曾母投杼
比喻流言可畏或诬陷的事情硬被当成罪状。

漂母进饭
韩信早年贫贱，挨饿于城下，幸获在水边漂洗衣物的老妇分食，韩信告知日后将重报，却被老妇斥责，比喻施恩不望回报。

母难之日
因为自己出生时，母亲正在受难，便称自己的生日为“母难日”。

母以子贵
母亲因儿子的显贵而显贵。

谷父蚕母
传说中的农桑之神。

知识万花筒

母亲节是一个感谢母亲恩情的节日。1907 年，美国的安娜 · 贾维斯认为应该设立一个专属于母亲的节日，来纪念默默奉献的母亲。经过安娜多年的努力提倡，美国国会终于在 1913 年确定将每年 5 月的第二个星期日作为法定母亲节，而安娜母亲生前最爱的康乃馨，也被视为母亲的象征。

其实，中国自古以来也有专属母亲的花卉，就是萱草。古人在出远门前，会在母亲住处的后院里种满萱草以表达孝心，希望母亲借由照顾与欣赏萱草来使心灵有所寄托，并相信欣欣向荣的萱草象征游子在外平安健康，以减轻母亲对孩子的思念担忧之情。

kuā fù zhuī rì
夸父追日

成语故事

很久很久以前，在中国的北方，有一座高耸入云的大山，山里住着一群力大无穷的巨人，由首领“夸父”带着他们一同对抗洪水猛兽，在艰难的环境下勇敢地生活。

有一年，天气非常炎热，火辣辣的太阳把大地都烤干了，农作物也被晒死了，许多族人因抵挡不了太阳的热力陆续死去。

夸父看到这样的情景很难过，对族人们说："太阳太可恶了，我一定要捉住它，让它听我的指挥，更好地为我们服务。"

族人们一听，都吓坏了，纷纷劝阻，但是夸父不听劝，在第二天一早太阳刚从海平面升起来的时候，便开始了他的追日长征计划。

夸父迈开大步，一路追着太阳，跨越了一座又一座的高山，穿越了一条又一条的大河，不停地往前追。大地被他奔跑的脚步给震得发出轰轰巨响，云彩也被他呼出的气体给吹得四处飘散。

为了追上太阳，夸父一刻也不敢耽误，饿了就摘野果吃，渴了就捧河水喝，即使累了，也只是稍微打个盹儿，又打起精神继续追日。

经过九天九夜的追逐，夸父终于看到太阳即将在西山降落。

"我就要捉到太阳啦！"

兴奋的夸父张开双臂，准备一鼓作气上前捉住太阳时，突然觉得头一晕，身体瘫软了下来，原来是他太久没休息，过于疲劳，又因太接近太阳而口干舌燥，喉咙滚烫，像着火似的。

夸父只好先跑到黄河边，一口气把河水喝干，还是觉得渴，又跑到渭水边，再把渭水也吸干了，仍然解不了渴，缺水让他的身体迅速衰竭。

最后，虚弱的夸父捡起一根桃木杖，撑着身体往北边的大泽走去，听说那个大泽有千里之广，一定可以解得了他的渴。

只是，夸父才走到一半，就撑不住倒了下来。

带着遗憾死去的夸父，身体变成一座大山，手中的桃木杖则长成一片茂盛的桃林，结了许多桃子，为经过的人们提供阴凉与鲜美的果实，让人们能在休息过后解除疲劳，精力充沛地继续行程。

典故出处

《山海经》:“夸父与日逐走，入日;渴，欲得饮，饮于河、渭;河、渭不足,北饮大泽。未至，道渴而死。弃其杖，化为邓林。”

成语解释

夸父追日:比喻人有大志，也比喻不自量力。

成语用法

他刚学跆拳道，就想打败黑带九段的选手，无疑是夸父追日。

说说父爸爷字

看完了“夸父追日”的故事，你有没有发现他的名字里有一个“父”字，难道这个“父”跟我们常喊的“爸爸”是同样的意思吗?

其实，“父”这个字除了是爸爸的代名词外，也是对男性长辈的尊称，例如祖父、伯父，所以，夸父的“父”，就是对这位神话巨人的尊称。

“父”在甲骨文中，是这样的—— ，这是一个人的手上拿着一根棍子。为什么要拿棍子呢?

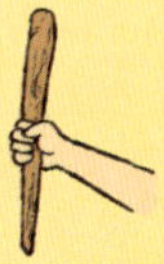

一方面可以打野兽，打坏人，保护家人；另一方面可以用棍子教导不乖的孩子，树立规矩，而这样的人，就被赋予了“父”的称呼。

现在，我们通常用“爸爸”两字来称呼“父亲”，“爸”的上头有个“父”，下面的“巴”则用来标示读音，你可以念念看，“巴”和“爸”念起来是不是很像？也有人说那个“巴”是一种蛇，父亲拿棍子打蛇，是为了保护家人，如此说来，爸爸真的很英勇呢！可是，为什么同样表示爸爸，却有不同的称呼呢？这是因为中国太大了，同样的事物在不同地区常常会出现不同的称呼。

那么，爸爸的爸爸，也就是爷爷，上头也有个“父”，下面又是什么呢？其实，在古文字中，“爷”是写成爺（楷书）、爺（行书）的，下面的“耶”是用来标示读音，今天的繁体字爺仍保留具有这种寓意的字形，简体字则是采用俗体楷书爷的字形。你看，爷的下面像不像一根拐杖？我们也可以说是因为爷爷年纪大了手脚不利索，所以要拄着拐杖。

父

成语家族

恩同父母
待人的好处、恩惠之大如同父母。

徒读父书
白读父亲的兵书，比喻人只知死读书，不懂得运用知识，加以变通。

父慈子孝
父母对子女慈爱，子女对父母孝顺。

父析子荷
父亲劈柴，孩子担柴，比喻子孙继承父辈尚未完成的事业。

父母之邦
父母的国家，指祖国。

父债子还
父亲生前的债务，由子女负责偿还；也指父辈的过错连累到子女。

江东父老
指家乡的父兄长辈。

认贼作父
把仇敌当作父亲，比喻甘心卖身投靠敌人。

衣食父母
基本生活所需都靠父母提供，指生活所依赖的人。

再生父母
指对自己有重大恩情的人，多指救命的恩人。

知识万花筒

6 月的第三个星期日是“父亲节”，你知道为什么会有父亲节吗？19 世纪末的美国，有个名叫威廉·斯马特的男人，在妻子难产过世后，立志不再续弦，独自抚养六名子女长大成人。斯马特先生在 1909 年辞世，他的女儿杜德夫人在参加教会的母亲节礼拜后，心想：为什么没有一个类似母亲节一样可以纪念父亲的节日呢？于是，杜德夫人向牧师提出设立父亲节的建议，经过多方奔走努力，1910 年 6 月 19 日，终于在美国华盛顿州举行了第一次父亲节聚会。后来，世界各国便开始仿效，各自制定每年纪念父亲的日期，向辛劳的父亲致敬。

bǎo xué zhī shì
饱学之士

成语故事

东汉末年，曹操击败袁绍后，在邺城大兴土木修建铜雀台，楼高十丈，分为三台，楼台之间又架有飞桥相连，远观就像三座巍峨的高山。

楼台建好了，曹操举办大型庆祝会，宴请文武百官，宣布让武官们举行射箭比赛，命人将一件红锦战袍挂到垂杨枝条上，并在下面设一个箭靶，以百步当作界线；再将武官们分为两队，一队是曹氏宗族，都穿红袍，其余的武官则编为另一队，都穿绿袍。

“有能射中箭靶红心的，就赐予锦袍一件；若射不中，则罚水一杯。”

曹操宣布完比赛规则，红袍队中立刻有一个少年将军骑着马冲了出来，原来那人是曹休。

只见曹休拉弓搭箭，对准箭靶射去，那箭矢咻的一声正中红心，顿时金鼓齐鸣，众人鼓掌喝彩。

曹操大喜道：“这是我们家的千里马呀！”正要叫人将红锦战袍取来赐给曹休，不料文聘从绿袍队中骑马奔出，口中喊着：“丞相，且慢。”

文聘拈弓纵马，也一箭正中红心，大声喊道：“快取袍来！”

这时，红袍队中又有一人飞马奔出，拉了箭就往箭靶射去，也正中红心，原来那人是曹洪。

曹洪正打算取红锦战袍时，张郃从绿袍队中飞马奔出，在马背上翻了个身，从后背射箭，又中红心，众人都鼓掌，张郃说：“这锦袍应该是我的。”

不料，夏侯渊从红袍队中飞马而出阻挡，先是让马奔驰到界口，再扭回身射去一箭，箭矢正中刚才那四支箭的中央。夏侯渊按弓大喊：“我这支箭可以夺下锦袍吗？”

典故出处

《三国演义》:"公等皆饱学之士，登此高台，可不进佳章以纪一时胜事乎？"

成语解释

饱学之士：指学识渊博的人。

成语用法

这所学校聘请了许多饱学之士，来教学生各种知识。

话语未落，徐晃从绿袍队中飞马而出，喊道："射中红心有什么了不起？看我单取锦袍。"说完，就弯弓搭箭，瞄准柳条射去，一箭射断垂杨枝条，锦袍坠地。

徐晃飞身上前取锦袍，但绿袍队中又冲出一人来抢锦袍，原来是许褚，两人厮打起来，竟将锦袍扯得粉碎。

曹操急忙叫人劝开两人，宣布让所有将领都上台，各自领取一匹蜀锦作为赏赐，再命他们按照次序坐下，把酒言欢。

接着，曹操看向文官们，说："武将们以骑射武艺来展现他们的威勇，你们这些学识渊博的人，登上这铜雀台，何不也写些好文章来做纪念？"

众文官听了，纷纷领命，各自献上诗章来称颂曹操的功德，曹操见了非常高兴，免不了谦虚一番，再连饮数杯。

说说巳包饱字

胎儿在妈妈肚子里时，头与全身的比例大约是 1∶2，这是因为最重要的头部组织要先发育，所以胎儿看起来就像是个大头娃娃，蜷缩在小小的子宫中——（甲骨文，巳）；字形线条化之后成为（隶书），就很像楷体字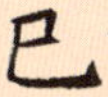了。只是“巳”后来被借去当作第六个地支的名称，可用来纪年、月、日、时辰，本义就不再使用了。

而胎儿必须要有子宫的保护与养分才能顺利长大，是一个怀孕的女人，因为前面的肚子很大，所以背部向后微微弯曲，把胎儿放到里面，就成了（小篆，包），所以“包”的本义就是怀孕；而母亲的子宫是一个具有强大容纳力的器官，可为胎儿十个月的成长提供空间，因此又引申出容纳的意思，例如包容、包含；再引申为承担，例如包办、承包。

当人吃饱了，肚子鼓出来，看起来也很像怀孕的样子，加上“包”有容纳的意思，所以，当胃里容纳了许多食物，就是吃饱了，而人吃饱了会有满足感，因此，由“食”+“包”组成的“饱”字又引申出满足、充足的意思，例如一饱眼福、饱满。

小篆

隶书

楷书

饱

成语家族

饱经沧桑

形容经历过多次的世事变化，生活经历极为丰富。

饱食终日

整天吃得饱饱的，不做任何事，比喻无所事事。

一饱眼福

形容看到了不易见到的美好事物。

中饱私囊

指侵吞经手的钱财，使自己得利。

饱食暖衣

吃得饱，穿得暖，形容衣食充足。

茶余饭饱

吃饱饭喝茶后，泛指休息或空闲的时间。

笔酣墨饱

形容文学作品表达流畅，内容充实。

酒足饭饱

酒已喝得满足，饭也吃饱了，形容人饱餐之后心满意足的神态。

眼馋肚饱

肚子虽然已经饱了，但看到食物又眼馋想吃，形容人贪得无厌，没有满足的时候。

食不暇饱

没有空儿好好吃饭，形容整日忙碌，连吃饭也没空儿。

知识万花筒

相传诸葛亮收服孟获，和西南的少数民族建立友好关系后，准备班师回朝。不料大军走到泸水时，突然阴云密布，狂风大作，孟获告知是阵亡的士兵在索要祭品。诸葛亮叫人将肉馅填入面皮中，再蒸熟来当祭品。这种食物传到北方后，北方人就称为“曼头”，又因为跟食物有关的汉字大多有“饣”偏旁，于是又改成“馒头”。但包馅的工序繁杂，就出现了没包馅的“白馒头”，至于“包子”这个称呼则到了宋代才有，用来指里头有馅的面食。

fèn bù gù shēn
奋不顾身

成语故事

汉武帝年间，大汉与北方蒙古高原的匈奴展开全面战争，身为“飞将军”李广之孙的李陵，因精通骑射、爱护士卒而拥有好名声，获得汉武帝的信任，被任命为骑都尉，率军出击匈奴。

天汉二年（公元前 99 年），汉武帝命令二师将军李广利率领三万骑兵与匈奴交战于天山，并在未央宫召见李陵，要李陵负责给李广利运送粮草。

但是李陵却主动请命，表示他所训练的五千名荆楚勇士，个个身手矫健，武艺高强，希望能另外成立一支独立队伍，必能以少击众，横扫匈奴部队。

汉武帝很赞赏李陵的志气，便允许他出兵。

李陵的部队和匈奴单于（“单于”是匈奴人对于最高首领的称呼）在浚稽山相遇，被匈奴单于的三万骑兵包围在两山之间。

李陵将大车环绕起来作为营寨，带领士兵出营外列阵。

匈奴见汉军人少，便直接正面攻击大营，不料被李陵的部队打得落花流水，只好向山上逃窜。

汉军追击，单于大惊，立刻召集八万多骑兵合力进攻李陵军队。

两军交战数十次，李陵军队利用地形与匈奴骑兵在树林里对战，每日都能杀死数千敌军，让原本人多势众的匈奴军内部开始对是否坚持战斗产生了分歧。

然而，某日李陵军中一个名叫管敢的军侯因为被校尉羞辱，投降了匈奴，并将李陵的军方情报透露给匈奴单于：“李陵没有后援，而且箭也快用完了。”

单于听了大喜，派出两支精锐骑兵夹击汉军并截断他们的退路，还从山上借着地势四面射击，箭如雨下，汉军伤亡惨重，只能往南退走，最后副将韩延年战死，李陵被逼得投降匈奴。

战败的消息传回长安，汉武帝得知李陵居然投降匈奴，十分愤怒，朝中大臣也纷纷谴责李陵的罪行。

这时，只有司马迁挺身而出为李陵辩解，说："我和李陵一向没有什么交情，但见他很讲义气，孝顺母亲，友爱士兵，常常奋不顾身地想要解救国家的危难，所以，我认为这次李陵在领兵五千的情况下，与数万名敌军对阵，最后由于死伤惨重，弹尽援绝，归路被截断，才被迫投降，也是情有可原的。而且我认为李陵投降并非贪生怕死，而是想等待以后有利的时机再报效国家。"

虽然司马迁讲得在情在理，汉武帝却认为他是在为李陵开脱罪名，是非不分，便把司马迁关进监狱。之后又误信谗言杀了李陵全家，这让李陵对汉廷彻底失望，最后在匈奴娶妻生子，老死异乡。

典故出处

《汉书·司马迁传》："然仆观其为人自奇士，……常思奋不顾身，以徇国家之急。"

成语解释

奋不顾身：勇往直前，不顾生死。

成语用法

若不是消防员奋不顾身地进入火场抢救，这次的伤亡会更大。

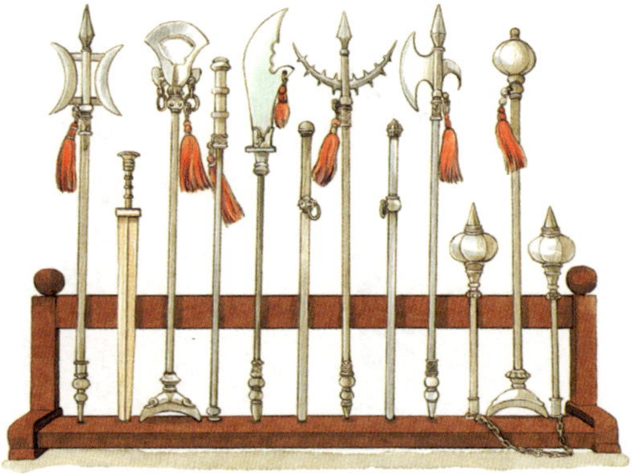

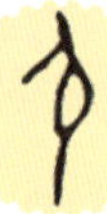

甲骨文

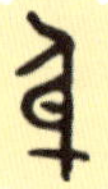

金文

战国文字

小篆

身

隶书

身

楷书

说说“身”“孕”字

“奋不顾身”故事中的“身”字，指的是人的躯体，在甲骨文中是按照人的躯体侧面来刻画的——，只是字形和人（）相比，特别突显了鼓胀的腹部；后来古人连腹部上的肚脐眼都画出来了——（金文），因此“身”的本义有特指腹部的意思，而女人怀孕时腹部也是隆起的，所以“身”也引申指女人怀孕。现在河洛话所说的“有身”就是“怀孕”的意思，这种说法在三千多年前的《诗经》中就已经有记载：“大任有身，生此文王”，意思是说大任怀孕，生下周文王。后来，“身”又引申为物体的主干，例如船身、桥身。

除了“身”可用来表示女人怀孕外，“孕”的字形更是把怀孕时肚子里有小宝宝的样子也画了出来——（甲骨文），隆起的腹中有个“子”（），也就是婴儿；字形线条化之后成为（小篆），和我们现在所写的楷体字孕就很像了。“孕”的本义是怀胎，例如孕妇；引申为胎儿，例如怀孕、身孕；再引申为培育，例如孕育。

功成身退
指大功告成之后自行隐退，不再复出。

身不由己
身体不能由自己支配，表示本身失去自主的能力。

大显身手
充分显露、展示自己的本领才能。

现身说法
原为佛教用语，指佛力广大，能现出种种身形，向人说法；现指以亲身经历和体验为例来说明某种道理。

科班出身
比喻受过正规教育或专门训练。

身心交瘁
指身体和精神都过度疲劳。

身先士卒
作战时将帅亲身带头冲在士兵前面，奋勇杀敌，比喻领导带头走在众人之前。

身外之物
身体以外的东西，指无足轻重的东西。

粉身碎骨
身体粉碎而死，比喻为了某种目的或遭到什么危险而丧失生命。

著作等身
著作摞起来跟作者的身高相等，形容著述极多。

知识万花筒

古埃及人认为人死后会在另一个世界继续生活，或许还会需要身躯，于是，古埃及人发明了制作“木乃伊”的技术。

制作木乃伊时，必须先取出容易腐败的内脏，进行干燥处理后分别储存在四个罐子中；再将乳香和桂皮等香料填入腹腔中，进行防腐干燥；之后再将身体裹上麻布、涂上树脂进行保存。古埃及最有名的木乃伊是图坦卡蒙，他是一位法老（“法老”是对古埃及君主的尊称），虽然图坦卡蒙死时年仅 18 岁，但是他的木乃伊黄金面具却成了埃及博物馆的标志与 1 埃及镑硬币上的图像。

rú zǐ kě jiào
孺子可教

成语故事

张良是协助汉高祖刘邦建立汉朝的开国元老，他原本是战国时期韩国的贵公子，后来秦始皇灭掉韩国，张良的弟弟也在战役中丧生。

为了报仇，张良不惜花光家产，聘请一位大力士，打造重达 120 斤的铁锤，要在秦始皇的车队经过博浪沙时狙击他，不料被铁锤击中的却是副车。

秦始皇逃过一劫，愤怒地下令全国搜捕，一定要捉到刺客，张良只好改名换姓，逃到下邳（现在的江苏古邳镇）躲起来。

有一天，张良闲来无事，漫步到下邳的一座桥上。

桥上有个穿粗布衣服的老人，一看见张良，就故意把鞋丢到桥下，大喊道："喂，小子，下去把我的鞋子捡起来。"

张良觉得这老人太没礼貌了，但又想到老人年纪大了，别跟他计较吧，便下桥捡了鞋子要给老人。不料老人却把脚向前一伸，说："给我穿上。"

张良心想：这老人真是得寸进尺，但是既然把鞋捡上来了，索性好人做到底吧！于是，张良蹲下来帮老人把鞋子穿好。

老人穿上鞋，走了一里远后，突然转身对张良说："你这小子还算懂事，是可以培养教导的。五天后的天亮时，到这里来跟我见面吧！"

张良觉得这老人很怪，但还是恭敬地答应了。

五天后，天刚亮时，张良依约前往，不料老人已经在那儿了，见到张良，生气地说："跟老人家有约，为何比老人家还晚到？五天后早点来。"说完便离去了。

过了五天，公鸡刚啼叫，张良就赶紧到桥上，但是老人又早已等在那儿，老人再次生气地说："为什么又晚到？五天后再早点来！”

又过了五天，还没到半夜，张良就先到桥上等候。过了一会儿，老人来了，见到张良已在桥上等他，很高兴地说：“就该这样啊！”

老人从怀里拿出一卷竹简送给张良，便离去了。

张良等到天亮一看，原来那是一部《六韬》（又称《太公兵法》），张良觉得很神奇，便时时研读它，后来终于帮助刘邦打败秦朝，建立汉朝。

典故出处

《史记·留侯世家》：“孺子可教矣。后五日平明，与我会此。”

成语解释

孺子可教：指年轻人可以培养教导。

成语用法

他领悟能力很强，很会举一反三，让老师频频夸赞他“孺子可教”。

说说儿子了孩字

刚出生的婴儿总让人有可爱的感觉，古人当然也替婴儿造了一个字——（甲骨文，儿），上面是婴儿的大头和头顶尚未闭合的囟门，下面是手和弯曲的身体与脚的侧面，字形线条化之后成为（小篆），今天的繁体字兒仍保留具有这种寓意的字形，简体字则是采用俗体楷书儿的字形。“儿”的本义是小孩，例如幼儿；后来也指年轻人，例如男儿；又从“小”的字义引

申为不重要，例如儿戏；也常被借去当词尾，例如鸟儿。

婴儿出生后，人们会帮他穿上柔软的贴身衣服，再用条小布巾把他的身体与脚包裹起来，避免他乱动伤害到自己。古人便根据这样的形象造出一个字—— （甲骨文，子），上面是婴儿的头，一横画是两只小手臂，一竖是他被布巾包起来的身体，所以“子”的本义是婴儿；引申为人，例如男子、女子；又引申为对男性的尊称，例如孔子、孟子。

有另一个字，和“子”很像，却少了中间的一横画，会是什么字呢？答案是“了”。这是一个让人悲伤的字，因为这婴儿没了双臂—— （小篆），所以“了”就有断的意思，引申为结束，例如了结、终了；后来被借去表示明白，例如了解。

而婴儿刚出生时并不会讲话，只会用哭声或笑声来表达情绪和需求，古人便依据婴儿 háihái 的笑声，选用读音相近的“亥”加上表示婴儿的“子”造出“孩”字，表示婴儿笑声的意思；后来这个字又引申指幼童，例如小孩。

甲骨文

金文

战国文字

小篆

隶书

楷书

子

成语家族

误人子弟
指因无才或不负责任而耽误求学的年轻人，常用以指教师不称职而使学生受损害。

纨绔子弟
指浮华不知人生甘苦的富家子弟。

望子成龙
盼望子女能在学业和事业上有成就。

橡皮钉子
用橡皮做的软钉子，比喻以委婉的方式斥责或拒绝。

子虚乌有
指虚构的、不真实或不存在的事物。

瞎子摸象
比喻观察判断事物以偏概全。

狗拿耗子
比喻做外行事或多管闲事。

赤子之心
比喻人的心地如同初生婴儿般善良纯洁。

过河卒子
比喻毫无退路，只能向前冲不能后退的人。

知识万花筒

专属于小朋友的儿童节，其实是源自一个悲伤的历史事件。

第二次世界大战期间，许多儿童不幸在战火中死去。1949 年 11 月，国际民主妇女联合会在莫斯科举行理事会议，与会代表愤怒地揭露了帝国主义分子和各国反动派残害儿童的罪行，决定以每年 6 月 1 日为国际儿童节，用来悼念所有在战争中死亡的儿童，反对虐待和残害儿童，以及保障儿童的权利。之后，又因为各国的文化不同，儿童节有了不同的日期和庆祝方式，但节日的意义却是相同的，就是希望国家未来的主人翁都能在祝福中平安快乐地长大。

yè gōng hào lóng
叶公好龙

成语故事

春秋时期，楚国的贵族公子沈诸梁被楚昭王封在叶邑（现在的河南叶县），当时楚国封君都称为“公”，人们便尊称他为“叶公”。

叶公上任不久，发现叶邑的水患非常严重，百姓苦不堪言，便请人绘制水利施工图。

但是当时使用的竹简并不适合拿来绘图，叶公便让人把水利图画在自家的墙壁上，加上叶公认为龙王是主管行云降雨的灵异神物，便在每个出水口都画上龙，称为“水龙头”，以祈求风调雨顺。

相传叶公对龙的喜爱体现在生活的方方面面，家中的梁柱、门窗、碗盘、装饰品、衣服上也都画有龙的图案，人们走进叶公的家，还以为进了龙宫。

“我最喜欢的就是龙。”

叶公兴致勃勃地对大家说明他的爱好，于是，叶公喜欢龙的事很快就传开了。

有一天，天上的真龙知道了这件事，非常开心，决定下凡来拜访一下这个喜爱它的人。

真龙乘着云雾，从天上飞到叶公的家，但是它的体积太庞大了，只能用身体环抱住整座宅邸，将头伸入窗户，尾巴则拖在厅堂，朝里面大喊道：“叶公在家吗？”

叶公一看到真龙，立刻吓得大叫：“有怪物，救命呀！”

“我就是你最喜欢的龙，你怎么说我是怪物呢？你再看清楚点！”真龙边说边把头靠近叶公。

叶公惊恐得直打哆嗦，立刻拔腿就逃，边跑边大喊道：“你不要再靠近我啦！我喜欢的是像龙的假龙，不是真龙啊！”

真龙听了，懊恼地说：“哼，原来叶公喜欢龙的事是假的，他根本是怕龙嘛！害我还特地飞来拜访他。”

后来，这个故事被孔子的弟子子张拿去作为寓言，用来讽刺鲁哀公。

因为子张听到鲁哀公很喜欢读书人，就千里迢迢地赶到鲁国求见，但是一连七天，鲁哀公完全没有接见他的意思。

子张很生气，在离去前跟鲁哀公的车夫讲了这个故事，要车夫改日转述给鲁哀公听。

有一天，鲁哀公终于想起子张求见的事，叫车夫去请子张过来。

车夫说子张早就走了，接着对鲁哀公说了“叶公好龙”的故事。

到了西汉，有个叫刘向的文学家就把这件事记录在他的书《新序》里。

典故出处

《新序·杂事五》：“君之好士也，有似叶公子高之好龙也。”

成语解释

叶公好龙：比喻表里不一，说是爱好某事物，其实并非真正爱好。

成语用法

他常说最喜欢狮子的威猛，但是一到动物园，狮子朝他一吼，他就立刻吓跑了，真是“叶公好龙”啊！

说说好字

“好”是由“女”+“子”组成的字，在甲骨文中，“好”字看起来就像一个跪坐的女人抱着一个刚出生的婴儿——。家里有新生命诞生，是一件很美好的事，这个女人，或许还是新生儿的姐姐，可以帮忙分担照顾婴儿的工作，而一个家里有女儿有儿子，子女双全，是父母的愿望，所以，“好”的本义就是美善的、理想的，例如美好、完好，这时要读作 hǎo；引申为喜爱时，则要读作 hào，例如好学不倦、好逸恶劳。

此外，“好”也是一个非常古老的姓氏，作为姓氏使用时，读作 hào，如殷墟甲骨卜辞中记载的“妇好”，她是商王武丁的妻子，也是一位骁勇善战的女英雄。妇好姓“好”，“妇”是一种亲属称谓，这是因为在秦以前，女人的姓氏通常写在称谓后面，例如息妫——陈庄公的女儿，春秋时代的著名美女，本姓妫，因为她嫁给息国的国君，所以称为息妫。上古时期有许多姓氏以“女”偏旁为主，例如姬、姜、姒、妫、姚、好，这是因为姓起源于母系氏族社会，在父系氏族社会之前，曾有很长一段时间是母系氏族社会。

甲骨文

金文

战国文字

小篆

隶书

楷书

好 成语家族

好事多磨
好事情在实现、成功前，常常会遇到许多波折。

好景不长
美好的光景不能永远存在。比喻称心如意的事往往为时不久，多用于对世事变迁的感叹。

好高骛远
喜欢高的，追求远的，比喻不切实际地追求过高过远的目标。

急公好义
形容热心公益事业，爱帮助人。

好学不倦
喜好学习而不知疲倦。

好好先生
指与人无争、一团和气、只求相安无事的人。

乐善好施
喜欢做善事，乐于拿财物接济有困难的人。

好逸恶劳
贪图安逸，厌恶劳动。

不知好歹
不能辨别好坏，也指不能领会别人的好意。

好整以暇
形容既严整，又从容；也指事情虽多，仍旧从容不迫。

知识万花筒

中国历史上第一位女性军事将领，不是传说中的北魏花木兰，而是商朝君主武丁的妻子——妇好，在甲骨卜辞中，曾多次提到与“妇好”有关的事。

1976 年，考古学家在河南安阳的殷墟发现妇好的墓，里头有大量珍贵的陪葬品，可见武丁对妇好的宠爱极深，因为妇好除了率领军队东征西讨替武丁拓展疆土外，还是一位杰出的政治家和女祭司，主持过许多祭祀活动。在妇好墓中，有两件妇好使用过的手持武器，一件是重达 8.5 公斤的龙纹大铜钺，另一件则是重达 9 公斤的虎纹铜钺，能拿着如此重的武器战斗，可见妇好武艺超群，力大过人。

lǎo mǎ shí tú
老马识途

成语故事

管仲是春秋时期齐国的下卿，辅佐齐桓公治理齐国。

有一年，山戎举兵侵犯燕国，齐桓公应燕国的请求，带着管仲出兵救援，打得山戎节节败退，最后还攻下山戎的都城令支。

山戎向孤竹国求救，孤竹国王派黄花元帅率兵救援，不料，又被齐国的军队打败了。

孤竹国王便设计让黄花元帅向齐军诈降，在取得齐桓公的信任后，趁机将齐军引到迷谷。

迷谷是一片沙漠，寸草不生，连点水草也没有，而且当时正是冬天，北风呼号，沙石乱飞，寒气逼人，士兵们被强风吹得都快无法前进了。

齐桓公急着要叫黄花元帅来处理状况，却怎么也找不到人，原来，黄花元帅早就趁齐军一片混乱时偷溜了。

没有黄花元帅的引导，齐军怎么也找不到离开沙漠的路。

就在大家乱闯乱绕时，天色很快暗了下来，齐桓公没有办法，只好下令士兵们先待一晚，等明天再找出路。

第二天天刚亮，有人发现不少士兵已在昨夜冻死了，这消息瞬间炸开了锅，顿时军心大乱，人人都想赶快离开迷谷，但越是慌乱就越找不到出路。

身为主帅的齐桓公看着这一幕，心里也万分着急，却又无计可施。

跟随在一旁的管仲便说：“主公

不必心急，总会有出谷的办法。”

这时，几匹战马突然举起前蹄，仰头嘶鸣，看起来很不安。

管仲上前安抚战马，突然想到：听说老马离开原来长期生活的地方，无论再怎么远都能找到回去的路，我何不试试让老马带路呢？

于是，管仲挑了几匹老马，把缰绳解开，让它们自由走动，说也奇怪，那几匹老马竟然毫不犹豫地朝着同一个方向行进。

管仲连忙叫齐军跟在老马的后面走，东绕西绕地走了许久，终于走出迷谷，找到了回齐国的大路。

典故出处

《韩非子》：“管仲曰：‘老马之智可用也。’乃放老马而随之，遂得道。”

成语解释

老马识途：比喻有经验的人熟悉情况，能在某个方面发挥指引的作用。

成语用法

幸好这些登山客老马识途，迷路的登山队才得以安全下山。

说说字

长 老 考

古人有“身体发肤，受之父母，不敢毁伤”的观念，除非有特殊原因，不然是不能轻易剪发的，无论男女，都会留起长长的头发，再把头发束起来插根簪子固定。是甲骨文的“长”字，看起来就像一个留着长发的人，而年纪越大的人头

发也越长，所以就用“长”字来表示老人，例如长者；再引申指年纪大、排行较前，例如年长、长辈，这时要读作 zhǎng；又由长发引申出表示距离长短之“长”的概念，例如长城、长途，这时要读作 cháng。

人年纪大了，生理机能退化，手脚有时会不利索，就要撑一支拐杖来辅助行动。、（甲骨文，老），这是一个留长发、撑拐杖的老人，瞧，他的背还有点驼呢！字形线条化之后成为（小篆），拐杖写成“匕”，就很像我们现在写的楷体字老了。“老”的本义是年长的人，引申为富有经验的、技艺纯熟的人，例如老练、老手。

还有一个字，跟“老”长得很像，刻画的也是一个长发老人撑着拐杖的样子——（甲骨文，考），后来古人特别强化那根拐杖——（金文），只是拐杖越写越弯，到了楷体字考时，就有点难辨别那是根拐杖了。“考”的本义是老人，引申为长寿，例如福禄寿考；又被借去当作检查、研究的意思，例如考试、考察。

甲骨文

金文

战国文字

小篆

老

隶书

老

楷书

老

成语家族

老生常谈
老书生经常说的话，比喻时常听到的了无新意的老话。

老谋深算
周密的筹划，深远的打算，形容人办事精明老练。

老成练达
形容人稳重老练，通达事理。

老态龙钟
形容年老体衰，行动不灵便。

老调重弹
再一次弹奏老曲调，比喻把陈旧的理论、主张重新搬出来，也指说话、写文章没有新意。

倚老卖老
仗恃着年纪大和阅历丰富看不起别人。

老奸巨猾
形容阅历深而手段极其奸诈狡猾的人。

宝刀未老
比喻人的功夫或技能不因年纪大而衰退。

开山老祖
原指最初创立寺院的人，即始祖；后借指学派或事业的创始人。

老气横秋
原本形容老练而自负的神态，现在形容自高自大，摆老资格，也形容缺乏朝气。

知识万花筒

古人很珍视自己的头发，遇到非剪不可时，也必须把剪下来的头发收藏起来或是烧掉，以表示对父母祖先的尊敬。

清军入关后，发布了“剃发令”。当剃头成了人们日常生活的需要，民间就有了专门“剃头”的行业。但那时固定的剃头铺子还不多，大多是流动性的剃头挑子，用一根大扁担一头挑着装工具的木头箱子，另一头挑着装满水的铜脸盆，下面还有个小型炭火炉在咕噜噜烧着热水，用来涮毛巾给客人擦脸，因此就有了“剃头挑子一头热”的谚语。

máo suì zì jiàn
毛遂自荐

成语故事

战国时期，有一年，秦国的军队围攻赵国的首都邯郸，情况十分危急，赵王派平原君去楚国请求救援。

平原君想在食客中挑选二十个有勇有谋又文武兼备的人随行，但是挑来挑去，符合资格的只有十九人，正当他烦恼不知该再挑选哪个人时，一个名叫毛遂的食客走上前，自我推荐愿意一同前往。

平原君对毛遂毫无印象，便问：“你在我门下待了多久了？”

“整整三年。”毛遂回答。

平原君皱眉道：“真正有才能的人，处在世间，就像把锥子放进袋子里，锐利的锥头很快就会刺破袋子露出来。你来我这里三年了，却没有人举荐或称赞过你，可见你也没什么长处啊！我看你还是留在家里，别去了吧！”

毛遂说：“那就算是我今天才被放入袋子中吧！假如我早就被放入袋子中，别说是锥头，恐怕连锥柄也会整个儿露出来。”

平原君见他十分自信，只好答应让他同行。

到了楚国，平原君和楚王在厅堂上谈判结盟的事，分析当时局势的利弊得失，从清晨谈到中午，都没能做出决定，那十九个食客便鼓动毛遂前去说服。

于是，毛遂握紧剑柄，飞快地登上台阶。

楚王觉得毛遂身份卑微，呵斥他退下，毛遂却不为所动，正气凛然地说：“大王敢呵斥我，是仗恃着楚国人多势众，但我现在与大王相距不到十步，大王的性命控制在我手中，当着我主人的面，你还敢呵斥我吗？我听说商汤王仅凭着七十里方圆的土地，就统治了天下；周文王仅凭一百里的土地，就让天下诸侯臣服；如今楚国纵横千里，士兵百万，天下又有谁能阻挡呢？然而秦国的白起，只不过是个小毛孩，带着几万人的军队与楚国交战，第一次大战就攻下了楚国的首都，第二次大战烧毁了楚国先王的墓地，第三次大战则使大王的先祖受到极大的屈辱，这是楚国百世不解的冤仇，连赵王都感到羞耻，大王却不觉得羞愧吗？这次结盟的最大受益者是楚国，不是赵国啊！”

楚王听了，觉得毛遂的分析很有道理，便立刻定下盟约，出兵救赵，而毛遂此后也从平原君那儿获得了上宾的待遇。

典故出处

《史记·平原君虞卿列传》：“门下有毛遂者，前，自赞于平原君……”

成语解释

毛遂自荐：比喻自告奋勇，自我推荐。

成语用法

大家都认为这是项苦差事，不想碰，只有他毛遂自荐接了下来。

说说字

自 鼻 己 我

成语“毛遂自荐”中的“自”字，是第一人称代词“我”的意思，可“自”一开始指的可是“鼻子”——（甲骨文），这是一个鼻子的外形，有鼻梁、鼻翼和鼻梁上的皱纹；后来古人把两侧的鼻翼连起来——（金文），就很像我们今天写的楷体字自了。为什么“鼻”会变成“我”呢？这是因为人常指着自己的鼻子对他人说“我”呀！当“自”被借去表示“我”的意思后，古人就在“自”

甲骨文

金文

战国文字

小篆

隶书

楷书

的下面加上声符“畀”（bì），成为“鼻”字，专指鼻子。我们现在常用“自己”两字来表示“我”,“自己”是一个同义复词，也就是这个词是由两个意思相同的字组成的,“自”就是“己”,“己”就是“自”。

那么，“己”又是怎么来的？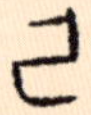（甲骨文）像什么东西的外形？拿条绳子来弯折一下，是不是很容易就能折出这种形状？所以，“己”原先指的就是弯曲回绕的绳子，后来被借去表示“我”。

既然“自己”就是“我”，那“我”字该不会也是借来的吧？没错，（甲骨文，我）是一支有三个锋利锯齿的长柄武器，也有人是这么刻画的——（甲骨文），这个字形看起来就挺像楷体字了，所以，“我”原本是武器，后来被借去当作第一人称代词。

自

成语家族

不打自招
原指还没有用刑，就自己招认罪状，现比喻无意中透露了自己的过失或心计。

自知之明
指了解自己的情况，能正确认识自己的长处与短处。

敝帚自珍
把自己家里的破扫帚当成宝贝，比喻东西虽不好，却因是自己的而非常珍视。

庸人自扰
指庸碌的人无端自寻烦恼，自找麻烦。

无地自容
没有地方可以让自己容身，形容非常羞愧。

悔过自新
悔恨以前的过失，决心重新做人。

不自量力
自己不估量自己的能力，指过高地估计自己的实力。

无师自通
没有老师的传授指导，就自己领略通晓了。

不攻自破
不用等待对方攻击，即因自身的矛盾而自行瓦解、破灭。形容交战时一方无力防御，不堪一击；也形容言论的漏洞太多，不堪批驳。

咎由自取
所有的灾祸或罪过都是自己招来的，指自作自受。

知识万花筒

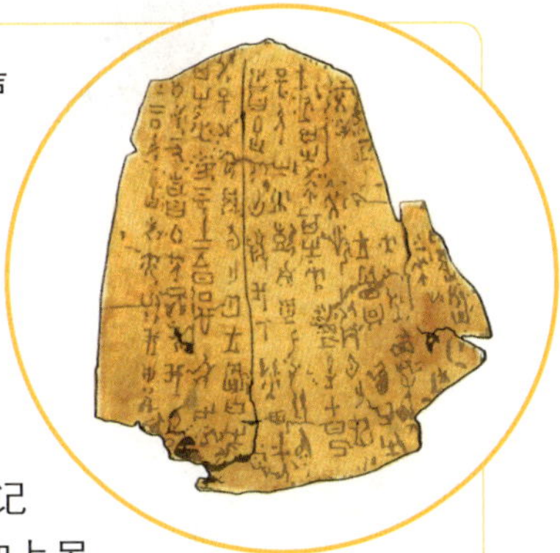

超过百分之九十的汉字是“形声字”，是由表示字义所属类别的“形符”加上标示读音的“声符”所组成的合体字，例如“鱼”部的字，几乎是各种鱼的名称，如鲈、鲤、鲫等。为什么会有“形声字”？这是因为语言比文字更早出现在人类社会中，因此，造字的速度跟不上人类想用文字来记录语言的急切心理，这时，用类别字加上另一个已被造出来的同音或音近字组成的“形声字”，就解决了这个难题。目前发现的商周甲骨文中，形声字占了百分之二十；到了东汉许慎写《说文解字》时，形声字就暴增到百分之八十二；之后到清朝编纂的《康熙字典》就达到百分之九十了。

痛心疾首

tòng xīn jí shǒu

成语故事

春秋时期，秦国与晋国的国土相连，既是邻居，又有姻亲关系，两国曾经互相帮助，却也时常发生冲突。

晋厉公即位后，与秦国罢兵结盟。秦桓公要他一同攻打边境小国白狄，这让晋厉公非常为难，因为秦国和白狄同在雍州境内，彼此是仇敌，但白狄与晋国却是姻亲。

最后晋厉公因为惧怕秦国的威势，只好同意，不料秦桓公竟派人跟白狄示好，说：“晋国将要攻打你们。”

白狄国君厌恶秦国的作为，向晋厉公确认这件事，让晋厉公对秦国非常不满。

接着，秦国又去拉拢楚国，想联合楚国攻打晋国。楚国国君对秦国的企图了如指掌，便派人跟晋厉公通风报信。

经过这些事之后，晋厉公对秦国失望透顶，派遣吕相出使秦国，宣布要与秦国断交。吕相除了揭发秦国在背后搞小动作的事，还转述晋厉公的话：“诸侯们听了这些事，全都对秦国痛恨到了极点，因此都来与我亲近。现在晋国与各个诸侯国都做好了准备，如果秦国愿意订立盟约，我就会劝诸侯们退兵，否则，我就会与诸侯们一同对付秦国。”

典故出处

《左传·成公十三年》："诸侯备闻此言，斯是用痛心疾首，昵就寡人。"

成语解释

痛心疾首：形容痛恨、怨恨到了极点。

成语用法

民众对黑心商人只求利益的做法感到痛心疾首，决定联合起来抵制他们的商品。

秦桓公完全不把晋厉公的话当回事，于是，晋厉公亲自率军与诸侯联军攻打秦国，秦国大败，联军一路追击到侯丽才退兵。

这次战役让秦国暂时无法再侵犯东方的国家，而晋国也解除了秦国长期以来对它的威胁。

说说首页头面脸字

古人最早用“首”字来表示头颅——（甲骨文），这是一个兽类头部的侧面造型，有微微张开的嘴、眼睛和头上的毛发；有的古人特别突显脸部的大眼睛和头上的毛发——（金文）；之后又将突显的部分从眼睛改为鼻子——（小篆），就很像我们今天写的楷体字首了。“首”的本义是头，因为头处于身体最上部，引申为开始、第一，例如首先、首席。

后来，古人在“首”的下方加上一个人的符号——（金文，页），之后又把头上的毛发去掉——（小篆），就很像楷书和繁体字的頁了，简体字则是采用俗体楷书页的字形。所以“页”的本义

是人头，被借去当作纸张的量词，例如一页、页数。

我们现在常以“头”字来表示人的头部，在古文字中，这个字由“豆”+“页”组成——頭（楷书），“页”的本义就是人头，为什么还要加上“豆”呢？原来，“豆”是为了标示这个字的读音，再加上古代的“豆”是一种盛食物的食器——（甲骨文），上面是有装饰纹的容器和盖子，下面是容器的颈和底部，形状看起来很像人头和脖子吧？今天的繁体字頭仍保留具有这种寓意的字形，简体字则是采用俗体楷书头的字形。“头”的本义是人头，引申指最前的部分，例如头条新闻、头等奖。

而“头”由前面的脸和后面的脑所组成，“脸”是到了楷书时期才有的后起字，在那之前，古人用“面”字来表示脸——（甲骨文），这是一张脸，还有个特别明显的大眼睛，所以我们现在所写的面字里头都藏有一只眼睛哟！“面”的本义是脸孔，引申为事物的外表，例如表面、外面；在简体字中，又因发音相同而合并了笔画较为繁杂的“麵”“麪”两字，多了麦粉的意思，例如面条、面包。

至于“脸”字，则是由表示类别的“月”（肉）加上标示读音的“佥”（qiān）组成。“脸”的本义是面部，例如脸孔、脸蛋；引申为面部表情，例如笑脸、变脸；也借指面子、情面，例如丢脸、赏脸。

首

成语家族

翘首引领
抬起头，伸长脖子，形容盼望殷切。

马首是瞻
看着主将马头的方向决定进退，比喻追随某人行动。

罪魁祸首
领导或策划作恶犯罪的首要人物。

群龙无首
一群龙没有领头的，比喻没有领导，无法统一行动。

不堪回首
指想起过去的事情就会感到痛苦，因而不愿去回忆。

俯首就缚
低下头让人捆绑，形容无法反抗或自愿认罪。

昂首阔步
抬起头，迈开大步向前，形容精神抖擞，意气风发。

首鼠两端
鼠性多疑，出洞时常暗中观望，进退迟疑，拿不定主意，比喻在两者之间犹豫不决，动摇不定。

首当其冲
比喻最先受到攻击或遭遇灾难。

俯首帖耳
低着头，垂着耳朵，形容卑躬屈膝非常驯服的样子。

知识万花筒

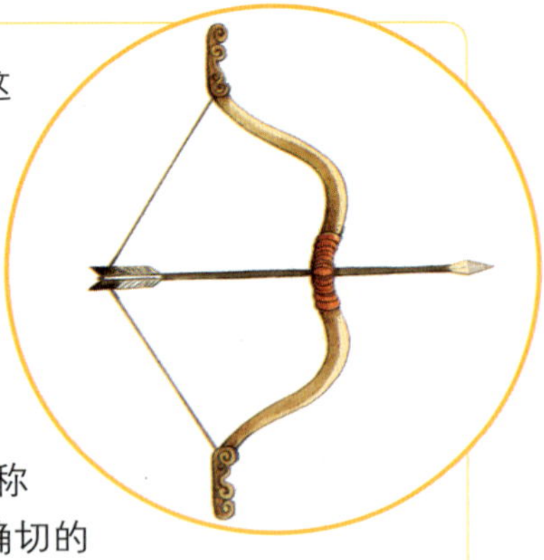

看古装剧时，常会听到“首级”这个词，为什么拿下某人的首级，就是把他的头砍下来呢?

原来，战国时期的秦孝公重用商鞅来变法图强，商鞅为了奖励军功，立法规定“斩一敌首，升一级爵”，只要斩下一个敌人的头就可以升一级爵位，一首一级，就有了“首级”的称呼。然而这个制度有利有弊，虽然有确切的凭据可以记功，然而有人将人头当作商品，卖给无战功的人，而这个人头可能来自敌人，也可能来自老百姓。到了北宋，名将狄青向宋仁宗陈述首级制度的弊端，请求废除，宋仁宗批准，此后，首级制度就在中国历史上销声匿迹了。

yī mù shí háng
一目十行

成语故事

南朝的梁武帝非常爱好文学，他的第三个儿子萧纲从小就聪明伶俐，天赋极高，六岁时就会写文章了，而且文辞优美，语句流畅。

梁武帝听到别人赞美萧纲，一开始还不相信这孩子这么小就会写文章，因此把萧纲找来，要他当众写一篇文章来瞧瞧。

萧纲毫不怯场，提起笔就写，不一会儿便写好一篇文章。

梁武帝拿来一看，果然是篇声韵和谐、辞藻华丽的骈文，不由得喜上眉梢，大为称赞：“你这孩子，将会成为我们萧家的‘东阿’啊！”

“东阿”是三国时期著名文学家曹植的封地，曹植以文思敏捷著称，曾“七步成诗”，梁武帝把萧纲比作曹植，可见对他的文学潜力寄予厚望。

随着年龄逐渐增长，萧纲看的书也越来越多，而且读书速度极快，能够一眼就看十行文字，并过目不忘。

萧纲读遍了各式各样的书，学识非常渊博，下笔就是一篇极佳的辞赋，还大量写作以宫廷生活为主题的诗，成为“宫体诗”流派的引领人。

当时，有些学者不相信萧纲的能力，就拿自己写的文章给萧纲看，而且只让他看一眼就收起来，要萧纲讲出刚刚看到的内容。

没想到萧纲居然流利地把文章背出来，就连写错的字也一并指正，学者们惊讶不已，称赞他是“少年奇才”。

除了文学方面的才华，萧纲办事也很干练，十几岁就能独立处理事务，深受梁武帝的宠爱。

后来，梁武帝历经“侯景之乱”忧愤而死，侯景为了操控政权，拥立萧纲当傀儡皇帝，即梁简文帝。

只是，萧纲当皇帝不过两年的时间，就被侯景派人杀害，死时才四十八岁。

虽然萧纲英年早逝，却为我们留下一个形容看书速度很快的成语——一目十行。一目十行往往难求甚解，到了清朝，有个名叫阮元的大学士，却反倒推崇“十目一行”，这是怎么回事？

原来，阮元编印过许多书，他的教育方针以实事求是、培育钻研精神为宗旨。

阮元请了许多人帮他校对书籍，其中一个叫严杰，长期借住在阮元的家中。严杰非常细心，帮阮元校对了不少经书和文选，深得阮元信任。

阮元曾写诗赞美严杰校对时“十目始一行”，表示一行字要看很多次，以确保没有遗漏和错别字。

所以，究竟要“一目十行”还是“十目一行”，那要看我们的目的是什么了！

典故出处

《梁书·简文帝本纪》：“读书十行俱下。九流百氏，经目必记；篇章辞赋，操笔立成。”

成语解释

一目十行：形容看书速度很快。

成语用法

为了达到“一目十行”的阅读速度，他特地去速读班接受专业训练。

说说目眼睛字

“目”这个字，是按照人的眼睛来刻画的——（甲骨文），外面是眼眶，中间是眼珠；有的古人则把眼睛竖起来画，还在眼珠中间加上一点表示瞳孔——（金文），字形线条化之后成为（小篆），就很像我们现在写的楷体字了。“目”的本义是眼睛，引申为看、注视，例如一目了然、目不转睛。此外，“目”也是个部首，“目”部的字大多跟眼睛的构造、活动有关，例如睫、看。

我们现在通常用“眼睛”这个词来取代古人所用的“目”字，“眼”是由“目”+“艮”（gèn）组成的，“艮”是一个人的头上有个大眼睛——（小篆），加上“目”偏旁，用来强调眼睛这个部位。所以“眼”的本义就是目，引申为关键、核心，例如字眼、节骨眼。

“睛”字是由“目”+“青”组成的，“青”是草木初生的颜色，引申为美好的意思，加上“目”偏旁，表示这眼睛很美好，看东西很清楚，另一方面，“青”也是“睛”的声旁，可用来标示读音。“睛”的本义也是目，例如定睛一看、画龙点睛。

目 成语家族

目空一世
全天下的任何人、事物都不放在眼里，形容骄傲自大。

目不暇给
形容眼前美好事物太多，或景物变化太快，眼睛来不及观看。

赏心悦目
指看到美好的景色而心情愉快。

獐头鼠目
头长得像獐子一样又小又尖，眼睛则像老鼠一样又小又圆，形容人相貌丑陋，神情狡猾。

避人耳目
躲避别人的耳朵和眼睛秘密行动，指避免走漏消息。

琳琅满目
满眼都是美好而珍贵的东西，比喻精美、珍贵的物品很多。

面目狰狞
形容相貌凶恶可怕。

过目不忘
看过就不会忘记，形容记忆力非常强。

耳目一新
听到的、看到的跟以前完全不同，有新奇、清新的感觉。

瞠目结舌
瞪着眼睛说不出话来，形容窘迫或惊呆的样子。

知识万花筒

现代人近视会戴眼镜来矫正视力，那么，眼镜是何时发明的呢？

远在公元前8世纪，古埃及人就知道可以使用凸透镜来扩大影像，通过将水注入球形玻璃来放大细小的文字，以及用来观看斗士竞技，可以说是眼镜的雏形。至于世界上第一副铆接眼镜，则出现在1260年左右的意大利，是由两片凸透镜构成，周围是两个圆形木框，再用铆钉把两个镜片连接在一起。当时这种眼镜必须用手扶着使用，不大方便。到了17世纪，有人在眼镜框的边缘钻了小孔，用细绳从中间穿过，再将它套在脑袋上或系在耳朵上，这才让眼镜牢固地固定在鼻梁上。

guā mù xiāng kàn
刮目相看

成语故事

吕蒙是三国时期东吴的名将，小时候因为家里贫困，没读过书。有一天，孙权召见他，说：“你现在不仅要带兵作战，还要管理行政事务，应该读点书才是。”

吕蒙为难地说：“可是我平时要处理的军务繁多，恐怕没时间读书。”

孙权不以为然地说：“你哪里比得上我忙呢？我年轻时读过很多经典，现在又时常阅读兵书，这些都使我获益良多。你如果多读点书，一定可以学到更多东西。”

吕蒙听了这番话，开始发愤读书，后来，他的学问竟比一些士儒还好。

有一次，鲁肃要去陆口，途中会经过吕蒙的驻地。鲁肃是个儒将，认为吕蒙是个没读过书的武夫，一直很瞧不起他，不想去拜访，经人劝说后才勉强前往。

吕蒙准备了好酒好菜来款待鲁肃，当大家喝酒喝得正畅快时，吕蒙突然问鲁肃：“您现在身负重任抵御关羽，打算用什么方法应付敌军的突袭？”

鲁肃轻率地回答：“兵来将挡，水来土掩，到时再想办法吧！”

吕蒙说：“现在东吴和西蜀只是暂时的联盟关系，关羽毕竟对

典故出处

《资治通鉴》："蒙曰：'士别三日，即更刮目相待，大兄何见事之晚乎！'"

成语解释

刮目相看：指去掉旧的看法，用新眼光去看待。

成语用法

他一改过去的懒散，用功学习，成绩突飞猛进，让人不由得刮目相看。

我们还是有威胁，怎能不提早做打算？”接着他针对这个问题，为鲁肃提供了五种应对策略。

鲁肃听了非常佩服，说：“你现在的才干谋略，已经不再是过去那个‘吴下阿蒙’了。”

吕蒙说：“对有志气的读书人，分别了数日之后，就应该要擦亮眼睛重新看待了。”

说说看见直很退狠字

孙悟空有个“手在眼上搭凉棚，望向远方”的招牌动作，是为了遮挡刺眼的阳光好瞭望远处的景物，古人也会这么做，还因此造了一个字——（古文，看），左上是一只手，右下是眼睛，字形线条化之后成为（小篆），就很像我们今天写的楷体字**看**了。“看”的本义是用眼睛感受外界的人事物，例如看望、看书；引申为理解、研究，例如看法、看待。

再来看个有趣的字——、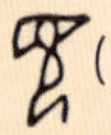（甲骨文，见），这是一个人站着和跪坐的样子，重点是这人头上的大眼睛，为什么要把眼睛画得这么大？当然是为了强调眼睛的功能呀！这个字线条化之后成为

（小篆），今天的繁体字見仍保留具有这种寓意的字形，简体字则是采用俗体楷书见的字形。“见”的本义是看，引申为看法，例如远见、见仁见智。

而我们观看时，通常是往前直视，所以，古人就在眼睛上方加了一条直线，表示朝正前方看——（甲骨文，直）；有的古人又在眼睛左边加了一条曲线，并在眼睛上方的直线上加了一点，强调是朝正前方看、不斜视——（金文）；字形线条化之后成为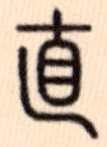（小篆），就很像楷体字直了。“直”的本义是正面往前看，引申为不弯曲，例如笔直、直线；再引申为不邪曲，例如正直、直率。

人的眼睛朝前看是“见”——，若是朝后看呢？（金文，艮，gèn），这是一个身体往前走却转头朝后看的人，在他身后加上道路的符号，就变成（小篆，很），明明身体往前走，却一直转头看后面的路，分明是不想往前走，所以“很”的本义就是违逆不听从；若是违逆到了极限，这人干脆往后走，就变成了“退”（“辶”旁的字都和行走有关），“倒退”这个词就是这么来的；若这个违逆不听从的人加上表示兽类的犬字旁，就会变成“狠”，从而有凶恶、残忍的意思。现在，我们常使用“很”字，却已不用它的本义，而是把“很”字借来指非常、程度高的意思，例如很好、很高。

见

成语家族

先见之明
事先看清问题的能力，指对事物发展的预见性。

见微知著
看到事情的些微迹象，就能知道它的发展趋势。

相见恨晚
遗憾认识得太晚，形容一见如故，意气相投。

司空见惯
原指司空看惯了某事以为平淡，后比喻常见之事，不足为奇。

一孔之见
从一个小窟窿里面所看到的，比喻见识浅薄狭窄，只见局部，不见整体。

见风使舵
看风向转动舵柄，比喻看势头或看别人的眼色行事。

一针见血
一针刺下去就见到血，比喻说话或写文章能抓住要点，切中要害。

一见如故
形容第一次见面就相处和乐融洽，如同老朋友一般。

捉襟见肘
才抓住衣襟蔽胸，又露出了手肘。原形容衣服破烂，后比喻顾此失彼，穷于应付。

开门见山
打开门就能看见山，比喻说话或写文章直截了当，一开始就进入正题，不拐弯抹角。

知识万花筒

随着科技的发展，许多专家学者开始开发更多的视觉可能性，如电影中常见的眼前影像投射技术，有几家科技公司正在从事“智能隐形眼镜”的研发，要在隐形眼镜内置入小型传感器和相机，具备通过眨眼就能实现指令输入的功能，所以只要眨眼就能拍照了；有的则研发要将 AR（增强现实，就是在荧幕上将虚拟世界套在现实世界，并进行互动的技术）不动声色地投射到使用者的眼中的技术。相信等这些技术发展成熟后，人类眼睛所能见到的影像，将会变得多姿多彩。

xìn kǒu cí huáng
信口雌黄

成语故事

魏晋时期，因为时代动荡不安，道家清静无为的思想大为流行，许多读书人喜欢以《易经》《老子》和《庄子》这三部玄学经典作为谈论的内容，称为“清谈”。

人们在清谈时，会拿着一根用木条和兽毛做成的“麈（zhǔ）尾”，本来这麈尾是用来掸掉灰尘或是驱赶虫子的，后来成为一种名流雅器。

当时有个名叫王衍的美男子，常拿一根玉柄麈尾与人清谈，人们看他的手时而挥动玉柄麈尾，竟分不清究竟是玉手还是玉柄，可见他的皮肤有多白皙了。

除了长相俊美，王衍还非常聪明，从小就博览群书，能言善道，而且言谈举止从容文雅。

就连名士山涛见了王衍，也忍不住对朋友说："不知是哪位妇人，竟生出如此俊美的儿子！"但接着也感慨，"然而将来误天下百姓的人，恐怕也是他啊！"

为什么山涛会有这样的言论呢？

原来王衍来自名门望族，他的祖父和父亲都是高官，王衍长大后也走上了仕途，多次被提升，因此年纪轻轻就做了黄门侍郎（皇帝身边的侍从官）。

受到当时社会风气影响，王衍也迷上了玄学，平日很少处理公务，总爱约人没完没了地谈论老庄思想，即使把义理讲错了或是前后矛盾，也能不慌不忙地随口更正，当时的人就送给他一个"口中雌黄"的称号。

"雌黄"是一种柠檬黄色的矿物，因为古人写字用的纸张是黄色的，所以写错字时，就会拿雌黄把错字涂掉重写，因此"口中雌黄"就好比口中含着一块雌黄，随时能把说错的话抹掉修正。

王衍的官运一路顺遂，升到尚书令（相当于宰相），但是他却假公济私，把个人和家族的利益放在首位。

王衍的小女儿是皇太子司马遹（yù）的王妃，在司马遹被贾后诬陷，被废掉太子之位时，王衍因为害怕被牵连，竟然请求晋惠帝同意让他的小女儿和司马遹离婚。

后来贾后被杀，王衍也因为曾经请求离婚一事受到弹劾。

几年后，石勒起义，王衍被俘虏，为了活命竟然劝石勒称帝。

石勒非常痛恨王衍的不忠行为，认为造成世道混乱、生灵涂炭的罪魁祸首正是像他这样的奸臣，一怒之下就将王衍杀了。

典故出处

《晋阳秋》："王衍，字夷甫，能言，于意有不安者，辄更易之，时号口中雌黄。"

成语解释

信口雌黄：比喻不顾事实真相而随口乱说或妄做批评。

成语用法

记者在报道时应该查证事实，不能信口雌黄，误导群众。

说说字

口 叫 吵

"口"是人类用来饮食和说话的器官，古人在造这个字时，便是依据人嘴的外形来刻画的——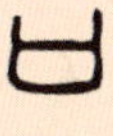（甲骨文），因为是用刀子刻在坚硬的龟甲兽骨上，刻直线比弧线容易，所以把嘴巴刻成方形的，嘴角向上延伸的两条线就像人们张开嘴时容易出现的法令纹；去掉法令纹后成为（隶书），就挺像我们现在写的楷体字了。"口"的本义是

甲骨文

金文

战国文字

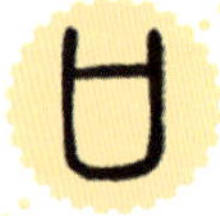

小篆

隶书

楷书

人嘴，引申为一切动物的嘴，例如羊入虎口；再引申为说话，例如口若悬河。此外，“口”也是个部首，跟口腔器官和口腔活动有关的字，大多有个“口”偏旁，例如唇舌、吃喝、呼吸。

当人受到惊吓时发出的惊叫声会拉长音调，所以“叫”就由“口”+“丩”（jiū）组成，“丩”在甲骨文中就像两条纠结缠绕的绳子——，因此有延长的效果。“叫”的本义是呼喊，例如大呼小叫；引申为呼唤、召唤，例如叫卖、叫车。

我们听到大呼小叫的声音，常会觉得吵，“吵”字由“口”+“少”组成，“口”表示跟嘴有关，“少”则是标示读音，所以“吵”是个形声字。“吵”的本义是声音大而扰人，例如吵闹、吵扰；引申为言语的争闹，例如吵架、争吵。

有口皆碑
众人的嘴，都如记载功德的石碑，比喻人人称赞、颂扬。

出口成章
脱口而出的话都符合文章规范，比喻才思敏捷。

苦口婆心
比喻充满善意又不厌其烦地劝导。

血口喷人
比喻用恶毒的话诬蔑或辱骂别人。

口诛笔伐
用言语和文字来揭发和声讨他人的罪状。

百口莫辩
即使有一百张嘴也辩白不清，形容不管怎样辩白也说不清楚。

口若悬河
讲话像瀑布倾泻，滔滔不绝，形容能说善辩，口才很好。

哑口无言
像哑巴一样说不出话，形容理屈词穷的样子。

良药苦口
有疗效的好药往往味苦难吃，比喻劝诫、批评的话，虽然听起来不舒服，却很有益处。

守口如瓶
嘴像瓶口一样封得严紧，比喻严守秘密。

知识万花筒

“口技”是中国的古老技艺，远古时期人们打猎时，就开始模仿鸟兽的声音来诱捕它们。到了唐朝，民间已有专门培训口技人才的地方。

宋朝则是口技艺术的鼎盛时期，表演者会模仿各种声音，让听众真假难辨。当时还兴起一种“隔壁戏”，表演口技的人会坐在一个八尺屏障中，屏障里只有一桌、一椅、一扇、一抚尺（惊堂木），观众坐在屏障外听着口技人表演说学逗唱或是模仿动物的声音，只闻其声却不见其人。到了南宋孝宗年间，杭州就有了口技演出团体，口技开始作为一种艺术表演形式在社会上流传。

chī bì mén gēng
吃闭门羹

成语故事

我们常说被人拒于门外是吃了闭门羹，而这道特殊的“闭门羹”还真有其羹，早在唐朝就有了。

唐朝宣州（现在的安徽东南部）城内有个非常有名的交际花，名叫史凤，不仅人长得漂亮，而且能歌善舞，多才多艺，因此许多人慕名而来，都想一睹芳容。

只是这史凤的眼光极高，把前来拜访的人按照人品分为三个等级，对于上等的客人，她会亲自下楼接待，若是纨绔子弟或不学无术之辈，则通通拒于门外。

久而久之，那些被史凤拒绝的公子哥就心生不满，四处造谣中伤史凤。

聪明的史凤便想了个法子，凡是被她拒于门外的，全都赏一碗羹汤，俗话说“拿人手短，吃人嘴软”，如此一来，就堵了那些爱说闲话者的嘴巴。

后来，凡是来求见的，只要看到面前摆上了羹汤，就会心知肚明地摸摸鼻子走了。史凤就用这个法子，拒绝了不少她不想接见的人，人们便说这是道“闭门羹”。

究竟史凤的闭门羹里，放的是什么食材呢？

一般的羹主要是由肉或菜并勾芡调和的一种黏稠浓汤，也可以加入豆沙和糖做成甜羹。据说史凤的羹是用豆腐和鸭肠子做成的，之所以会用这两种价格低廉的食材来做，就是为了表达主人对客人的轻视。

然而，让史凤意想不到的是，有些不识趣的人尝了羹汤后，觉得滋味不错，居然四处宣传，引得一些好奇的人特地前来尝尝羹汤的味道。

后来，这道“闭门羹”还成了安徽沿江一带的传统名菜。

典故出处

《常新录》："史凤，宣城妓也。待客以等差……下列不相见，以闭门羹待之。"

成语解释

吃闭门羹：比喻被拒于门外，被拒绝。

成语用法

他是颇有个性的艺术家，常常让登门求教者吃闭门羹。

以请人吃羹汤的方式来拒绝接见，总是比直接叫人离开要委婉些，只是除了史凤之外，也没人会这么费事地请吃闭门羹，所以现在拒人于门外就只有“闭门”而没有“羹”了，但“闭门羹”这三字的用法还是流传了下来。

说说字

吃 只 今

在“吃闭门羹”故事中的“吃”字，古代有另一种写法——喫（chī），这是因为人在吃东西时，嘴唇和牙齿常会碰在一起，有契合的意味，所以用“口”+“契”组成的“喫”来表示吃东西；至于“吃”字，一开始的意思是口吃，也就是讲话结巴，言语不顺畅。我们来看，“吃”是由“口”+“乞”组成的，“乞”是由“气”省变而来的字，是按照云气上升的样子来造的——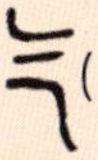（金文）→（隶书），因为这云气卷曲，不是直的，加上“口”偏旁，用来指口吃的人讲话时声音无法自然直出。后来古人又把笔画较繁杂的“喫”字与“吃”合并，用来表示进食，例如吃饭；之后，“吃”又引申出承受、遭受的意思，例如吃惊、吃亏。

“只”字也和“口”一样与气体有关，下面那两笔是人讲话时最后吐出的气体——（小篆），因为人说完话后，声气会沉下来，所以“只”的本义就是语气结束时的语气词，后来被借去指限于某一范围的副词，意思跟“仅”一样，例如只是、只好；到了简体字时，则和发音相近而笔画较繁杂的量词“隻”（zhī）字合并，用来指禽兽等的数量，例如一只鸟。

此外，“今”字也和“口”有关，是甲骨文的“今”，上面像一个倒过来的“口”，下面那一横表示口中所含的东西，是“含”的本字；因为嘴巴含着东西有停留、不前进的意味，所以借指此刻、现在，例如当今、今天。

甲骨文

金文

小篆

隶书

楷书

吃

成语家族

吃里爬外
比喻不忠于所属的团体，反而帮助外人。

寅吃卯粮
寅年就吃掉了卯年的粮食，比喻入不敷出，预支以后的用项。

吃苦耐劳
能过困苦的生活，也经得起劳累。

白吃干饭
指只会吃饭不会干活。

大吃一惊
形容对发生的意外事情非常吃惊。

自讨苦吃
自己给自己找麻烦，惹灾祸。

吃哑巴亏
指遭受暗算或受损吃亏，却不敢声张或无法申诉，只好自认吃亏。

省吃俭用
原指减少粮食消耗，节省费用开支；后指吃的用的都很节俭。形容过日子非常节省。

好吃懒做
指贪于吃喝，懒于做事。

坐吃山空
只坐着吃，山也要空。比喻只消费而不从事生产，即使有堆积如山的财富，也要耗尽。

知识万花筒

成语“期期艾艾”，是形容口吃的人说话时字词会重复，说话不流利。其中，“期期”的典故来自西汉开国名将周昌，他讲话本来就有点口吃，在反对无故废掉太子时，一急起来就结巴了，不由自主地在话语中穿插了两句不相干的“期期”，就被人称为“期期先生”；“艾艾”说的则是曹魏名将邓艾，人家一问他名字，他就“邓艾艾艾艾艾”地回答。

此外，英国国王乔治六世、著名的生物学家达尔文、物理学家牛顿和古希腊寓言家伊索也口吃，可见口吃和智商、身份地位是无关的。口吃可以通过治疗来改善。

qǔ gāo hè guǎ
曲高和寡

成语故事

在许多文学作品中，常以“美如宋玉，貌若潘安”来形容男子的俊美，其中的宋玉，就是战国时期楚国的辞赋家，据说他曾是屈原的弟子，在辞赋方面的文学成就仅次于屈原。

宋玉出身低微，因为怀抱着爱国理想，前往楚国的都城，希望能够谋求政治上的出路。

当时秦国已经壮大，楚国气数将尽，楚襄王身边又围绕着许多小人，宋玉始终得不到重用，顶多只能当个小官，但宋玉并不擅长当官，常常受到流言诽谤。

那些诽谤的话也传到楚襄王耳中，楚襄王就召见宋玉，问他：“先生怕是有许多不检点的地方吧？不然为什么臣子百姓都在说你的坏话呢？”

宋玉连忙磕头回答：“是的，大概是有的，但愿大王能宽恕我的罪过，让我把话说完吧！”

楚襄王点点头，宋玉便接着说：“我听说有个人在郢都城里表演歌唱，刚开始时，他总是唱通俗的‘下里巴人’，全国能跟着合唱的有数千人；接下来，他把歌唱难度提高了一些，唱‘阳陵采薇’，能跟着合唱的，减少到数百人；后来，他又把歌唱难度提高到‘阳春白雪’，这时，还能跟着合唱的，只不过数十人罢了；最后，他唱起了一种音调抑扬变换的曲调，

听到的人全都目瞪口呆，能跟着合唱的，就只剩下极少数几个人而已。可见，乐曲越高雅，能一起合唱的人就越少呀！”

宋玉这样说，是因为他的文章总是写得高雅深奥，能看得懂的人很少，所以很少有人称赞他，反而因不被理解而招来了诽谤。

典故出处

《新序·杂事第一》：“……是其曲弥高者，其和弥寡。”

成语解释

曲高和寡：比喻言行卓越不凡，知音难求，或作品艰深高妙，赏识者很少。

成语用法

王教授说话总离不开学术，因此与人们格格不入，常有曲高和寡的感慨。

说说和龢吹平字

在认识“和”字之前，我们要先认识“龢”（hé）的甲骨文—— ，左下是一个排笛，上面的  是一个倒过来的口，后来古人又加了两个 （口）—— （金文），表示这种排笛是要移动嘴巴来吹的，右边的“禾”标示这个字的读音。吹奏排笛时，声音必须调和才好听，所以“龢”就有了和谐、调和的意思。

再来说说“和”字，当它读作 hé 时，也是协调的意思，左边的“禾”用来标示读音，右边的“口”表示用嘴巴发出协调的声音。古籍中常以“和”假借“龢”来表示协调的意思，例如和谐，我们

甲骨文

金文

小篆

隶书

楷书

现在仍然使用这种用法。此外，“和”还有多种读音：读作 hè 时，表示声音相应，例如唱和；读作 huó 时，表示将粉状固体与液体均匀搅拌，例如和面；读作 huo 时，形容某种使人感到舒适的状态，例如暖和；读作 hú 时，是指打麻将按照规则将花色凑齐，例如和牌。

排笛是用嘴巴来吹奏的，“吹”字就有趣地体现了这点——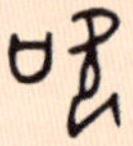（甲骨文），右边是一个跪坐的人，张着大大的嘴巴在呼气，左边的“口”强调这是嘴巴的动作；后来古人又把右边人上的“口”变成三撇，象征人呼出来的气体——（小篆），字形线条化之后成为（隶书），就很像我们现在写的楷体字了。“吹”的本义是噘起嘴用力呼出气流，例如吹气、吹口哨；引申为夸口、说大话，例如吹嘘、吹牛。

而吹奏乐器能让人的性情变得平静安定，所以古人就用管乐器（甲骨文，于，“竽”的本字）+“八”组成（金文，平）。因为“八”有分的意思，组合起来表示吹竽时要把气流均匀地分散出去，才会和谐好听，所以“平”就引申出均等、舒顺的意思，例如平均、平和；又引申为一般的、常态的，例如平常、平凡。

风和日丽
轻风柔和，阳光灿烂，形容天气晴朗暖和。

和衷共济
大家一条心，共同渡过江河，比喻同心协力，克服困难。

和而不同
能与人和睦相处，但不盲目苟同附和。

和盘托出
连盘子也端出来了，比喻全都讲出来，毫不保留。

和光同尘
指不露锋芒，与世无争的处世态度；也比喻同流合污。

心平气和
心情平静，态度温和，指不急躁，不生气。

地利人和
指地理环境和人事关系方面的条件都很有利。

和璧隋珠
和氏璧和隋侯的夜明珠，比喻极为名贵的宝物。

和气生财
指态度温和而不得罪顾客，才能招财进宝。

和颜悦色
脸色和蔼喜悦，形容和善可亲。

知识万花筒

爱唱歌的人都希望在与他人合唱时，能发挥良好的和声效果。“和声”这个词最早是由希腊语 ἁρμονία（harmonía）衍生出来的，意思是“联合、认同、和睦”，体现在音乐上，就是不同的音高在同时发声时，相对的高音要和相对的低音整合。

合唱是集体的音乐艺术，可以追溯到 1420 年的西方复音圣乐手抄本，后来运用的范围越来越广，成为被各文化阶层所普遍接受的社会活动。合唱时，每个人都必须听别人的音高来调整自己的音高，这被称为“要有和声的耳朵”。

四面楚歌

sì miàn chǔ gē

成语故事

在象棋棋盘上，常常可以看到中间画着一道“楚河汉界”的鸿沟，而这道鸿沟的典故，就来自两千多年前的楚汉相争。

当时是秦朝末年，各地英雄好汉纷纷崛起，想要推翻秦的暴政。各路人马经过一番争霸后，剩下刘邦与项羽两股势力在做最后的对抗，光是在荥阳一带，两军就爆发了七十次大战和四十次小战。

后来，项羽俘虏了刘邦的父亲，威胁刘邦投降，不然就要把他父亲煮来吃，没料到刘邦居然说："当初咱俩共同反秦时，曾在怀王面前立誓结为兄弟，所以我父亲就是你父亲。假如你要煮咱们的父亲，别忘了分一杯羹给我吃。"

这话把项羽气炸了，但又拿刘邦没办法。

之后两军再度交战，形势不利于楚军，项羽只好和刘邦讲和，把刘邦的父亲还给他，双方约定以鸿沟为界来中分天下，东边给项羽（楚），西边给刘邦（汉）。

鸿沟之约后，项羽履行约定退兵，刘邦也本该退兵，这时部下张良和陈平劝刘邦应该趁项羽军队衰弱时一举消灭他。

于是，刘邦毁约追击楚军，把项羽围困在垓下（现在的安徽灵璧县）。面对汉军的层层包围，楚军虽然已经到了兵少粮尽的地步，但仍然顽强抵抗，让汉军迟迟无法攻下。

某天夜里，突然有一阵嘹亮的楚国民歌歌声从四面八方传入项羽的军营中，唱歌的却不是在楚军军营里的人，而是来自汉军。项羽听到歌声，惊恐地说："难道刘邦已经打下西楚了吗？怎么汉营里有那么多楚人呢？"

而那些听到歌声的楚军兵士被激起了思乡之情，军心动摇，纷纷趁着夜色逃跑，一时间，十万人竟逃得仅剩数百人。

原来，这"四面楚歌"是张良的计谋，目的是扰乱项羽军队的军心。

项羽看着士气已经崩溃的楚军，只好带着八百名骑兵突围而出。汉军追击项羽到乌江边，当时项羽身边的楚军兵士仅剩二十六人。

乌江亭长劝项羽赶紧乘上小舟渡江逃走，项羽却感慨起当年起兵时有八千名江东子弟追随，如今却只剩他一人，自觉无颜见江东父老，于是把爱马送给亭长后，自刎而死。

典故出处

《史记·项羽本纪》："项王军壁垓下，兵少食尽，汉军及诸侯兵围之数重。夜闻汉军四面皆楚歌，项王乃大惊……"

成语解释

四面楚歌：比喻所处环境艰难困顿，危急无援。

成语用法

劫匪被大批警察包围后，已陷入四面楚歌、穷途末路的境地了。

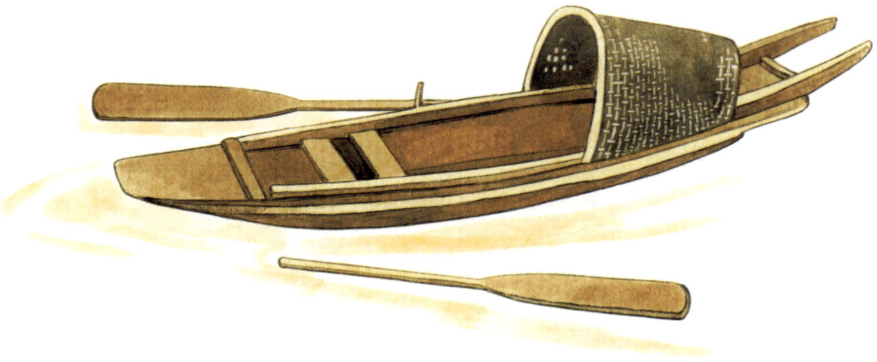

说说可哥歌字

在认识“歌”字之前，必须先知道“可”和“哥”字的由来。

先来说说“可”字吧！和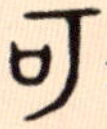分别是甲骨文和金文的“可”，右边的线条符号表示从嘴巴呼出去的气流受到阻碍而停止，这时发出来的声音类似于 kǎo，和人在表示肯定、赞同时的 kě 音相近，便以此作为声符，加上表示嘴巴的“口”而成的“可”字，本义就是肯定，例如许可、认可；后来，“可”又被借去当作连接词使用，表示转折的意思，例如可是。

把两个“可”重叠在一起，就成了“哥”，表示气流从嘴巴呼出去时，经由口腔的控制，形成有节奏和旋律的歌声，所以，“哥”的本义就是“歌”，只是被借去当作兄长的意思后，古人只好加上一个“欠”偏旁，组成“歌”字，来表示歌唱的意思。为什么要加上“欠”偏旁呢？我们在前面认识了“吹”字，知道“欠”是按照一个跪坐的人嘴里呼出气体的样子来造的——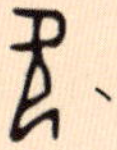、，就不难理解被借走的“哥”字加上“欠”会有唱歌的意思了；更何况，“哥”和“歌”的读音相同，还能当作“歌”字的声符呢！

甲骨文

金文

战国文字

小篆

隶书

楷书

歌

成语家族

可歌可泣
值得歌颂，使人感动得掉泪。形容英勇悲壮事迹使人感动。

对酒当歌
对着酒应该放声高唱。原意是人生时间有限，应该有所作为；后也用来指应当及时行乐。

引吭高歌
放开嗓子大声歌唱。

聋者之歌
聋者学人唱歌，却听不到歌声，无以自乐，形容模仿别人的行为，实际上并不了解其中真义。

载歌载舞
边唱歌，边跳舞，形容尽情欢乐。

长歌当哭
用长声歌咏或写诗文来代替痛哭，借以抒发心中的悲愤。

笙歌鼎沸
形容歌声、奏乐声齐起，热闹非凡。

歌功颂德
颂扬功绩和德行。

慷慨悲歌
情绪激昂地放声高歌，以抒发悲壮的胸怀。

伯歌季舞
哥哥唱歌，弟弟跳舞，比喻兄弟之间亲密无间。

知识万花筒

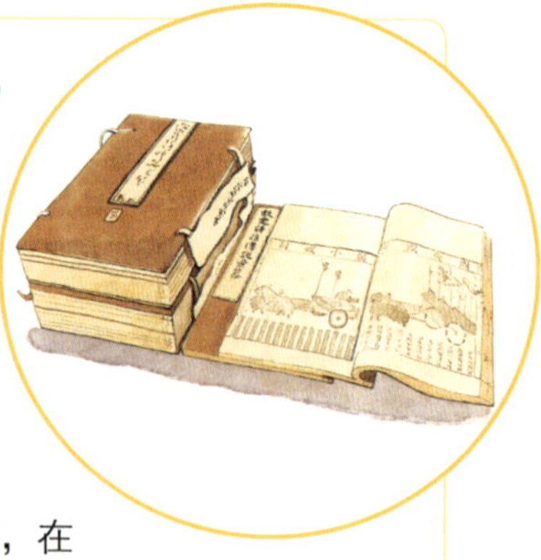

人类为什么要唱歌呢？根据史料，人类在劳动或狩猎的过程中，会从口中发出长短不同的呼声，和动作的节奏配合以减轻疲劳，这就是歌谣的来源。譬如众人一起合扛大木头时，前面的人边扛边喊“嘿哟嘿哟”，后面的人也跟着节奏一起喊，就能使动作协调一致。

随着人类的思维与语言能力的发展，在这些呼声中加入有意义的词语，就成了歌谣。我国最早的诗歌总集《诗经》，便是采集了从西周初期到春秋中期的民谣与贵族的诗歌而成，后人可以借由这些诗歌的内容，了解当时人们的生活与思想。

dà gōng gào chéng
大功告成

成语故事

西汉末年，朝政被太皇太后王政君的侄子安汉公王莽把持。

王莽为了进一步巩固自己的地位，除了费尽心机让自己的女儿成为汉平帝的皇后，还想方设法笼络人心。

有一年，王莽向皇帝上奏，提议模仿西周时期的杰出政治家周公建造明堂、辟雍和灵台。明堂是天子宣明政教、举行重要典礼的殿堂，辟雍是天子设立来教育贵族子弟和青年才俊的学校，灵台则是天子观察天象的地方。

表面上，王莽希望借由建造这些建筑，把天下有学问的人才和典籍都集中起来，但王莽其实想借此来标榜自己是像周公那样贤能的人才。

为了展现贤能的一面，王莽为那些研究学问的人盖了舒适的学舍；提供丰富的物资，若是具有特殊才能的人才，王莽还会派出公府车马将他们请来，热情招待。

如此一来，王莽笼络的人才达到了数千人之多。这些人为了报答王莽，便按照王莽的意思来写书，还修改某些对王莽不利的说法和观点。

一些大臣看到王莽的声势如日中天，为了讨好他，纷纷上书给皇上："当年周公辅佐皇帝，制定制度尚且用了七年的时间，后来明堂和辟雍、灵台都倒塌了，到现在也没人去修复。现在安汉公辅佐陛下仅四年的时间，就做出了这么大的贡献，他的功德是多么突出啊！"

王莽见情势越来越有利于自己，就集合了全国书生和平民总共十万人，写诗文来歌颂自己的功德。

经过二十天的全力写作，诗文终于全部完成，这时王莽才满意地宣告这项伟大的工程完成了。

史书中记载这个事件用了"大功毕成"，后来衍生出"大功告成”这个成语，用来形容艰巨、伟大的事务完成了。

经过这件事后，王莽的野心越来越大，开始产生篡位的念头，却发现日渐长大的汉平帝对自己有许多不满。

王莽担心汉平帝会成为篡位之路的绊脚石，决定先下手为强，毒死了汉平帝，另立年仅两岁的孺子婴为皇太子，自己则代替天子执政，称为“摄皇帝”。

两年后，王莽又将“摄皇帝”的称号改为“假皇帝”。在同一年底，王莽索性逼迫孺子婴让位给他，建立新朝，当个名副其实的真皇帝。

但是王莽的做法却引起许多人不满，纷纷起来反抗他。十几年后，他被起义军杀死，新朝也灭亡了。

典故出处

《汉书·王莽传上》：“十万众并集，平作二旬，大功毕成。”

成语解释

大功告成：指大的工程、事业或重要的任务宣告完成。

成语用法

大家同心协力，我们小组的作品终于大功告成了。

说说告知字

成语“大功告成”中的“告”字，由“牛”+“口”组成——（甲骨文），上面是一头牛，下面是嘴巴，表示将牛献祭时，口中发出的喃喃祈祷声。而以牛羊等动物作为祭品，是从上古时期就有的习俗，这些祭品又称为“牺牲”。“牺牲”两字的左边都是“牛”，右边是标示读音的声符，为什么要以“牛”作为代表呢？这是因为在祭品中，牛的体形是最大的。“告”的本义是向神明、祖先祈祷求福，引申为请求，例如告假、告饶；又引申为陈述、宣布，例如告诉、告知。

上面提到，向人宣布而使人知道是“告知”，“知”由“矢”+“口”组成——（战国文字），左边是一支箭矢，右边是嘴巴，表示对于已经懂得的事理，能像箭矢般快速地脱口而出，所以“知”的本义是表达意思的措辞，引申为常识、见解，例如求知、真知灼见；再引申为懂得、通晓，例如知道、知己知彼。

知

成语家族

温故知新
温习旧的知识，得到新的理解和体会；也指回顾过去，能更好地认识现在。

知足常乐
为人知道满足，不做过分的要求，心情自然能常保愉快，形容安于已经得到的利益、地位。

略知皮毛
比喻只知道表面的情况或稍有肤浅的知识。

一知半解
形容知道得不全面，理解得也不透彻。

迷途知返
比喻发觉自己犯了错误，知道改正。

闻一知十
听到一点就能推知很多，形容人聪明而善于类推。

真知灼见
正确而透彻的见解。

鉴往知来
审察过去，就可以推断未来。

不知所云
不知道说的是什么，指言语混乱或空洞，令人摸不着头脑。

未卜先知
没有占卜便能事先知道，形容有先见之明。

知识万花筒

英国哲学家培根说过“知识就是力量”，这是因为知识能丰富我们的思想，使我们更聪明，通过思考，便能解决问题，所以，“知识”就是力量。

“知识”是指对于某个主题，有确定的认识，人们通过经验或联想，就能够熟悉并了解某件事情，其中包括认识或了解某种科学、艺术或技巧，或是通过研究、观察或经验而获得一系列资讯。例如上古时期神农尝百草，通过尝试获得经验，得知哪些草有毒，不可食用，哪些草可以充饥，哪些草有疗效，可以作为药用，如此一来，这些经验就成了知识，并能传授给其他人。

chún wáng chǐ hán
唇亡齿寒

成语故事

春秋时期，晋献公发动多次战争，吞并许多弱小的诸侯国，使得晋国的势力与领土迅速扩张。接着，他把目标放在虞国和虢国上，准备灭掉这两个小国，好向中原发展。

首先，晋献公找借口说邻近的虢国经常侵犯晋国的边疆，要派兵灭了虢国，但在晋国和虢国之间，还隔着一个虞国，要讨伐虢国必须从虞国经过。

“要怎样才能顺利地通过虞国呢？”晋献公把大臣们找来询问。

荀息建议道：“可用千里马和玉璧当作重礼送给虞公，以此贿赂他借道给我们讨伐虢国，如此一来，又可以破坏虞虢的结盟关系，再各个击破。”

“你这计策好是好，不过……”晋献公面露难色，犹豫起来。

荀息看出晋献公是舍不得千里马和玉璧，便说：“虞公是个目光短浅、贪图近利的人，只要我们送他宝马和玉璧，他不会不答应借道的，而且虞虢两国唇齿相依，虢国灭了，虞国也无法独自存活，主公的玉璧和宝马只不过是暂时存放在虞公那里罢了。”

晋献公听了，这才放心采纳荀息的建议，派他出使虞国。

果然，虞公一见到这两样宝物，立刻心花怒放地答应借道了。

虞国的大夫宫之奇急忙劝阻道：“主公万万不可借道啊！虢国和虞国就像是嘴唇和牙齿的关系，没了嘴唇，牙齿就会感到寒冷，我们两个小国是相互依存的关系，有事可以互相帮助，万一虢国被灭，我们虞国也就难保了。”

典故出处

《左传·僖公五年》："谚所谓'辅车相依，唇亡齿寒'者，其虞、虢之谓也。"

成语解释

唇亡齿寒：嘴唇没了，牙齿就会感到寒冷。比喻关系密切，休戚相关。

成语用法

他们两人唇亡齿寒，只要一人有难，另一人也会跟着遭殃。

虞公不以为然："人家晋国是大国，特地送宝马和玉璧来跟我们做朋友，难道咱们连借条路给他们走走也不行吗？"

于是，晋献公顺利地借道虞国，出兵占领了虢国的下阳。

三年后，晋献公再一次派荀息出使虞国借道，虞公依然十分慷慨地答应了。宫之奇劝谏不成，眼看国家将亡，就带着一家老小离开了虞国。

晋国军队消灭了虢国后，在回程时把亲自来迎接的虞公捉住，顺便消灭了虞国。

说说牙齿字

我们常将"牙""齿"两字合用，称为"牙齿"，有时则混用，例如将前面中间的部分称为"切牙"或"门齿"，旁边的是"犬齿"，也称"犬牙"或"尖牙"，在口腔后边的则是臼齿，又称为"磨牙"。但是在古代，"牙"和"齿"可是有分别的，前面中间的部分称为"齿"，口腔后面的才称为"牙"，这是怎么回事呢？

我们先来看看“齿”的甲骨文——，这是一个张开的大嘴巴，里头上下各有两颗牙齿，所以“齿”最早指的是前面中间的牙；后来古人在上面加了一个“止”的符号——（金文），用来标示这个字的读音；之后又在上下排牙齿中间加了一横画表示舌头——（小篆），今天的繁体字齒仍保留具有这种寓意的字形，简体字则是采用俗体楷书齿的字形。所以，“齿”字里头看起来像“人”的符号并不是人，而是牙齿哟！“齿”的本义是口腔中用来咀嚼的器官，引申指像齿状排列的物体，例如齿轮、锯齿。

至于“牙”字，在古文字中看起来像上下牙齿咬合的样子——、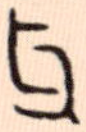（金文），第二个字要转九十度来看；后来古人在下面加了齿的符号——（战国文字），更能看出“齿”在口腔前、“牙”在口腔后的相对位置；之后古人又觉得这样写起来太麻烦了，就只保留后排牙——（小篆），字形看起来就很像我们今天写的楷体字牙了。“牙”的本义是口腔中用来咬断、咀嚼食物的器官，引申为动物的齿，例如狼牙、象牙。

齿

成语家族

唇齿相依
嘴唇和牙齿互相依靠，比喻双方关系密切，相互依存。

咬牙切齿
咬紧牙齿，表示痛恨，形容极端仇视或痛恨，也形容把某种情绪或感觉竭力抑制住。

伶牙俐齿
形容人机灵，很会说话。

齿牙为祸
指谗言引起的祸端。

何足挂齿
哪里值得挂在嘴上，不值一提的意思。

明眸皓齿
明亮的眼睛，洁白的牙齿，形容女子容貌美丽，也指美丽的女子。

没齿难忘
指一辈子难以忘记。

齿如编贝
牙齿就像编排起来的贝壳，形容牙齿洁白整齐。

令人齿冷
因行为不光彩不正当而叫人耻笑。

马齿徒长
比喻自己的年岁白白地增加了，学业或事业却没有什么成就。

知识万花筒

人的一生会有两副牙齿，第一副是“乳牙”（又称“乳齿”或“奶齿”），在婴儿出生后六个月开始萌发，到了两岁半，上下共二十颗乳牙会长齐；第二副则是到了六岁时，乳牙开始有次序地松动脱落，换成“恒齿”（又称“恒牙”），共有三十二颗。

除了人类会换牙外，鲨鱼也会，而且令人惊讶的是，某些鲨鱼在一生中竟会换掉三万颗以上的牙齿！为什么鲨鱼拥有如此惊人的“换牙术”呢？原来，鲨鱼的牙齿并不是固定在颚上的，而是镶嵌在牙龈中的，每十天到几个月，鲨鱼就会换牙，难怪鲨鱼总是有一口雪白锋利的牙齿。

chǐ wáng shé cún
齿亡舌存

成语故事

老子李耳是春秋时期的大思想家，除了被后人奉为道家学派的宗师外，也是儒家创始人孔子的老师。

在李耳小时候，有位老师常细心讲授殷商的礼仪给他听，要李耳学会谦卑，这位老师名叫常枞（cōng）。

多年后，李耳长大成人，常枞却已衰老多病了。

有一次，常枞病得很严重，眼看就要不行了，李耳听到消息，赶紧前去探望，他握着常枞的手说：“老师病得这么严重，有什么话想跟弟子说吗？”

“就算你不主动问，我也是要跟你说的。”常枞说，“路过故乡时要下车，你知道为什么吗？”

李耳点点头说：“路过故乡要下车，是要我们不忘本。”

常枞微笑说：“是呀！那么，见到高大的树木要快速上前，向它致敬，你知道为什么吗？”

李耳点点头说：“见到高大的树木要上前向它致敬，难道不是说要敬老吗？”

常枞又是一笑，点点头说：“对，就是这个道理。”接着张开嘴巴，指点了一下，要李耳看，然后问李耳：“我的舌头还在吗？”

李耳点头说：“还在。”

“那我的牙齿还在吗？”常枞继续问。

李耳摇头说：“不在，掉光了。”

常枞问：“关于这个状况，你知道为什么吗？”

李耳知道老师是在考他，认真地想了想后，回答道：“舌头之所以还能存在，不正是因为它的柔软吗？牙齿之所以全掉了，不正是因为它们太刚强了吗？”

常枞满意地微笑着点头说：“没错，待人处世的道理就在里头，我已经没有什么可以再对你说的了。”

后来，李耳将老师最后教给他的“凡事不要太刚直，要有韧性”的道理，融入他的学说中。

李耳说：“人出生的时候柔软，死后就僵硬了；万物如草木，也是出生的时候柔弱，死后就干硬枯槁了。所以坚强是死的特质，柔弱是生的特质，就像军队太强就不会战胜，这是因为骄兵必败；而树木长大坚硬了就会被砍伐，所以强大的常躺在地上，柔弱的却常摇曳在高处。”

由此可知，李耳推崇的是“刚易损，柔可存，以柔克刚”的思想。

典故出处

《说苑·敬慎》：“夫舌之存也，岂非以其柔耶？齿之亡也，岂非以其刚耶？”

成语解释

齿亡舌存：比喻刚硬的容易折断，柔软的常能保全。

成语用法

你该谨记“齿亡舌存”的道理，做人不能太刚硬，不知变通。

甲骨文

金文

战国文字

小篆

隶书

楷书

说说舌字

在说“舌”字之前，我们先来认识一下“蛇”。虽然蛇这种动物看起来长长的，很滑溜很可怕，但是，蛇的视力和听力却非常差，那它怎么捕猎物呢？看到蛇常常吐出来的舌头（芯子）了吗？前端有一个分叉，看起来像英文字母Y，尖端有感受气味的构造，所以，蛇的舌头对气味的感知是非常灵敏的，加上外形特殊，容易分辨，就被古人拿来当造字参考了。

是“舌”的甲骨文，看起来像芯子从蛇口中伸出去的样子，芯子周围那几点，就像溅出去的唾沫；有的古人则在芯子中央加了向上弯折的符号，就像从口中流出去的气流——（甲骨文），多了“曰”（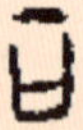，说话）的意思，以灵敏的芯子来比喻敏锐的言辞，如“唇枪舌剑”；后来字形线条化——（小篆），就很像我们现在写的楷体字舌了。“舌”的本义是辨别味道的器官，引申为言语，例如饶舌、学舌；也比拟为舌形的东西，例如火舌、鸭舌帽。此外，“舌”也是个部首，“舌”部的字大多跟舌头有关，例如舔、舐。

舌

成语家族

瞠目结舌
瞪着眼睛说不出话来，形容困窘或惊呆的样子。

七嘴八舌
形容人多口杂，议论纷纷。

枉费唇舌
白费言辞，不起作用。

是非口舌
因说话引起的误会或纠纷。

巧舌如簧
舌头灵巧，像簧片一样能发出动听的乐音，形容能说会道，善于狡辩。

慧心妙舌
聪明的心灵，巧妙的口才。

三寸之舌
比喻能说会辩的口才。

油嘴滑舌
形容说话油滑，态度轻浮。

唇枪舌剑
嘴唇像枪，舌头像剑，形容辩论激烈，言辞锋利，像枪剑交锋一样。

鹦鹉学舌
鹦鹉学人说话，比喻人家怎么说，他也跟着怎么说。

知识万花筒

人在饮食时，之所以能够分辨出食物的酸甜苦辣，是因为舌头上有许多凸起的细小舌乳头，在舌乳头上又有味蕾，味蕾是味觉的感受器，人的舌头大约有一万个味蕾。每个味蕾都是由若干个味细胞组成的，当食物经过咀嚼并经舌头与唾液进行搅拌后，味蕾受到各种味道的刺激，会将信息经由神经传到大脑的味觉中枢，人便会产生味觉。

而不同部位的味蕾，对味道的感受程度也有分别，舌尖的味蕾对甜味敏感，舌尖两侧的对咸味敏感，舌两侧的对酸味敏感，舌根对苦味的敏感度最强，至于辣味和涩味，则是与其他味觉混合形成的复合感觉。

liú yán fēi yǔ
流言蜚语

成语故事

古代许多人因与皇室有姻亲关系，其权势或升或降。

汉景帝时，窦太后的侄子窦婴平乱有功，被封为魏其侯，受到许多大臣的尊敬。当时皇后的弟弟田蚡只是一名下级侍从，身份低微，常特意巴结窦婴。

然而风水轮流转，景帝去世，武帝即位，田蚡成了国舅，被册封为武安侯。几年后窦太后过世，窦婴不再受武帝重用，田蚡却当上宰相，势力如日中天。

那些曾奉承窦婴的人，全都见风转舵去奉承田蚡，只有将军灌夫仍然尊敬窦婴，两人时常聚在一起喝酒聊天。

公元前133年的春天，田蚡与燕王刘嘉的女儿结婚，太后规定所有的大臣都要前往道贺。灌夫一向跟田蚡相处不来，不愿意去，窦婴强迫灌夫和他一起去。

只见田蚡的府邸挤满了前来祝贺的王公大臣，非常热闹。酒过三巡之后，宾客们都有些醉了，但是当田蚡又举起酒杯向大家敬酒时，为了不得罪他，宾客们还是弯腰行礼，把酒喝下。

过了一会儿，窦婴也举杯向众人敬酒，除了少数几个老朋友回礼外，其他人都认为窦婴已经失势而懒得搭理他，这让灌夫非常生气。

于是，灌夫走到田蚡身边向他敬酒，却遭到田蚡轻视，故意推托无法再喝了。

灌夫下不了台，就走到同姓的后辈灌贤面前，向他敬酒，不料灌贤也借故不搭理他，这让灌夫再也无法控制满腔怒火，大声斥责灌贤的无礼。

一时间，气氛变得非常尴尬，许多宾客纷纷告辞回家。窦婴也想劝灌夫离开，没想到田蚡却叫士兵把灌夫抓起来。

田蚡逼迫武帝判灌夫死罪，诛杀全族，窦婴也以欺君瞒上的罪名被关入监牢。

接着，田蚡又让人散布流言，说窦婴在监狱里咒骂皇上。武帝也没仔细查证，就在当年年底处死窦婴。

典故出处

《史记·魏其武安侯列传》："乃有蜚语，为恶言闻上。"

成语解释

流言蜚语：原指制造不实的传言，用来诋毁他人，现在泛指谣言。

成语用法

谣言止于智者，大家不要听信那些流言蜚语。

说说字

言 音 说 话 语

我们说话时，常常需要舌头的辅助来发出正确的音，所以古人就在舌头上面加了一横表示言语——（甲骨文），字形线条化之后成为（战国文字），就很像我们现在写的楷体字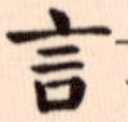了。"言"的本义是说话，引申为所说的话，例如言听计从。此外，"言"也是个部首，"言"部的字大多跟说话、语言有关，例如谈、讲。

而声音是从口中发出来的，古人便在"言"的"口"中加一短横，表示"音"——（金文），"音"

是有节奏的，所以音乐、音律都采用这个字；后来“音”扩大指一切声响，例如噪音；再引申指消息，例如音信。

在口语中，常以“说话”两字来表示“言”的意思。“说”的右边是“兑”，在甲骨文中看起来像一个人张大嘴巴的样子——，上面像“八”的符号，有人说那是说话时发出去的声气，也有人说那像人笑的时候嘴巴上的八字形纹理，所以“兑”就有了说话和喜悦的意思，加上言字旁，更加强化了讲话的意思；而当“说”读作 yuè 时，意思和“悦”相通，在《论语》中，孔子说：“学而时习之，不亦说乎？”就是说学习之后时常实践，不是让人很愉快吗？

至于“话”字就更有趣了，“言” + “舌”就是通过舌头滔滔不绝地发表言论，所以，“话”的本义就是言语，例如闲话家常；引申为语言，例如普通话。

人说话是为了表达意思，所以将“言”加上表示自己的“吾”，就成了“语”，本义是言论，例如千言万语；引申指代替语言的手势或信号，例如手语、旗语；也用来比喻虫鸟的鸣叫声，例如鸟语花香。

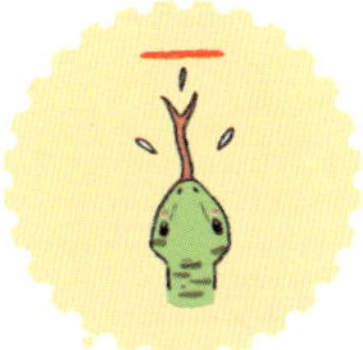

甲骨文

金文

战国文字

小篆

隶书

楷书

言

成语家族

难言之隐
难于说出口的藏在内心深处的事情。

一言九鼎
一句话抵得上九鼎重，比喻说话有威望，只言片语就能起很大作用。

察言观色
观察别人的言语和脸色，以推测对方的心意。

危言耸听
故意说些夸大、吓人的话，使听的人惊骇。

肺腑之言
出于内心的真诚的话。

食言而肥
把自己说过的话吞吃到肚子里，以至于越来越胖，指不履行诺言，自私自利。

大言不惭
说大话而不感到羞愧。

人言可畏
指在背后的议论或诬蔑的话很可怕。

畅所欲言
痛痛快快、毫无顾忌地把心里的话全部讲出来。

苦不堪言
痛苦或困苦到了极点，已经不能用言语来表达。

知识万花筒

我们常用“鹦鹉学舌”这句成语来比喻人家怎么说，他也跟着怎么说，这是因为鹦鹉在学人说话时，只会跟着人说出同一句话。

为什么鹦鹉会说人话呢？这是因为鹦鹉有特殊的生理构造，它的舌头比其他鸟类还要柔软圆滑，所以能发出比较复杂的音节。此外，虽然鹦鹉和人类一样都有发声器官，但人类的发声器官是声带，鹦鹉的却是鸣管。在教鹦鹉说话时，必须不断地重复同一个简短的句子，鹦鹉只是在模仿人们教给它的一连串音节而已，实际上并不理解那些句子所代表的意思。除了鹦鹉之外，八哥和鹩哥（九官鸟）也会学人说话。

xǔ jīn bù chóu
许金不酬

成语故事

济阴（现在的山东菏泽定陶区）有个商人，在乘船渡河的时候，船不慎翻了。商人掉到水中，双手左拍右打，好不容易抓到浮在水面的一堆枯草，扯开喉咙大声求救。

在附近捕鱼的渔夫听到求救声，就划着船要去救他。

商人看见有船朝他划过来，怕船就这么划走了，急忙大喊道：“我是济水一带的世家大族，假如你救了我，我就送你一百两金子。”

那渔夫听到了，加快速度将船划到商人处，将他救上船。

到了岸上，商人却只拿出十两金子给渔夫。

渔夫说：“你先前答应给我一百两金子，现在却只给十两，恐怕不行吧？”

那商人听了，生气地大骂：“你只不过是个捕鱼的，一天能挣多少钱？现在一下子就得到了十两金子，还不满足吗？”

渔夫听了，只好闷闷不乐地转身离开。

过了一些日子，那个商人乘着船顺着吕梁湖往下游走，船触碰到礁石又沉没了。商人落水，在水中载浮载沉，大声呼救。

之前救过他的那个渔夫正好也在附近，却完全没有任何行动。一旁有人看到这种状况，就问渔夫：“你怎么不去救他？”

渔夫回答：“他就是先前答应要给我一百两金子，后来却反悔的那个人呀！”

说完，渔夫把自己的船划到岸边观看，没过多久，那商人就被河水吞没了。

这是一则寓言故事，出自元末明初的大谋士刘基（刘伯温）所写的《郁离子》，书名中的“郁”是文采丰盛的意思，“离”是八卦之一，代表火，因此“郁离”就是文明的意思。

刘伯温说：“天下后世若是都采用我这本书里的建议，一定能抵得上文明教化的治理。”

这则“许金不酬”的寓言，就是刘伯温在警示世人：若是言而无信，就会失信于人，承受不好的结果。

典故出处

《郁离子》：“渔者曰：‘是许金而不酬者也！’舣而观之，遂没。”

成语解释

许金不酬：答应给人金钱报酬却不真心酬谢，指人言而无信。

成语用法

做人要守信用，若是做了“许金不酬”的事，就会失信于人。

说说许让课谁字

“许金不酬”中的“许”字，有答应、允诺的意思，这也是“许”的本义，右边的“午”在金文中是一支舂米的圆木棒——，也就是杵，加上“言”偏旁，表示听人说话时，头像杵舂米似的不断地点头，也就是应允、同意了，例如许可、准许；之后，“许”又引申表示推测或估计，例如或许、也许。

“让”字的左边也有“言”，表示这个字的本义跟言语有关；而“让”在古文字的字形是（小

金文

小篆

許

隶书

許

楷书

许

简体字

篆)、讓(隶书)、讓(楷书)，右边是“襄”，有高的意思，加上“言”偏旁，表示当人在责备他人时，语调必然是高昂的，所以“让”的本义是以言语责备，例如责让；引申为谦退，例如谦让、礼让。在讓(ràng)字中的“襄”除了表示意义外，也标示读音，其他有襄字旁的字，如“壤”(rǎng)、“嚷”(rǎng)、“攘”(rǎng)、“穰”(ráng)等，读音都有 rang 的音，只是音调不同。今天的繁体字讓仍保留具有这种寓意的字形，简体字则是采用俗体楷书让的字形。

在“言”的右边加上“果”，则是“课”字，“果”有成果的意思，所以“课”就是用言语来考核成果，例如课试、课绩；引申为考核的内容、学业，例如课卷、课题。

在“言”的右边加上“隹”，则是“谁”字，“隹”是短尾鸟，而人在发出“谁”的疑问时，声音就像鸟鸣一般短促，例如谁在那里？“谁”字又引申指任何人，例如谁都不准走。

许

成语家族

意气相许
指与志趣、性格相同的人彼此投合。

封官许愿
指利用名利地位引诱别人来帮助自己达到不正当的目的。

以身许国
把身体献给国家，指愿意为了国家的安危，奉献自己的生命。

杂然相许
纷纷地表示赞同。

孤高自许
指性情高傲,自命不凡。

许友以死
朋友以死相许，形容重友谊。

何许人也
指不知来自何方，来历不明的人。

多许少与
答应人家的多，给予人家的少。

日许多时
估量时间的词，指时间较长。

目成心许
形容男女双方以眉目传情，互通爱慕之意，心里暗暗相许。

知识万花筒

传说中国上古时期，帝王之位的接替采取“禅让制度”，在位的君主在生前就把统治权让给他人，是为了推行让更贤能的人来治国的理念。若是将权力让给异姓，就会导致朝代的更替，称为“外禅”；若是让给自己的同姓血亲，不会导致朝代的更替，称为“内禅”，而让位者则被称为“太上皇”。相传舜和禹就是经由“禅让”继位的部落联盟首领，只是禅让制到禹就终止了，因为他传位给自己的儿子启，建立了夏朝。后来历史上还有其他以“禅让”为名却行“夺权”之实的朝代更替，例如王莽逼西汉的孺子婴禅让给自己，建立新朝。

duì niú tán qín
对牛弹琴

成语故事

东汉时期，有一个名叫牟融的大学者，他不但熟读经史百家的作品，还精通佛理，所以当时有许多儒家学者都喜欢向他请教佛学。

牟融在回答儒家学者所提出的佛学问题时，往往会引用《诗经》《尚书》这类儒家经典，而不是佛学典籍。

有人不解地问他："您不是常说佛法博大精深吗，为什么您反而不用佛学典籍来解答我们的疑惑呢？"

牟融说："我想你们对佛典的内容一定比对儒家经典陌生，在这种情况下，我引用儒家经典来为你们解惑，你们一定很容易就能理解；相反，若是我引用佛典来解释你们的问题，不就像对眼盲的人说明各种漂亮的颜色，对耳聋的人演奏悦耳的音乐，一点儿成效都没有吗？我之所以这么做，就是为了让你们更容易理解佛理呀！"

接着，牟融又说了一个故事：

在战国时期，有个名叫公明仪的音乐家，他既会作曲，也会演奏，七弦琴弹得非常好，很多人都很喜欢听他弹琴。遇上好天气时，他也时常会把琴带到郊外去弹奏。

有一天，公明仪来到郊外，看到风光明丽，有一头大黄牛正在草地上低头吃草。

公明仪一时来了兴致，就把琴拿出来架好，拨动琴弦，为大黄牛弹奏一曲高雅的《清角之操》。

不料，大黄牛却无动于衷，继续低头吃草，就好像没听见音乐声似的。

公明仪心想：应该不是牛没听见，而是这美妙的曲子不适合牛的耳朵吧！

典故出处

《牟子理惑论》："公明仪为牛弹清角之操，伏食如故。非牛不闻，不合其耳矣。"

成语解释

对牛弹琴：比喻对不懂道理的人讲道理或讲话不看对象。

成语用法

你带不喜欢古物的人去博物馆，简直就是对牛弹琴，一定会被抱怨。

于是，公明仪变换曲调，弹奏出一种类似蚊蝇嗡嗡的声音，还有小牛孤独悲伤的哞哞叫声。

牛听了，马上停止吃草，不但竖起耳朵，摇动尾巴，还不安地来回踱着步子。

牟融说完故事后，感触良多："这个故事，就和我三番两次地引用儒家经典来讲解佛理是同样的道理呀！"

后来，人们就将这个故事浓缩成"对牛弹琴"的成语，用来比喻对不懂道理的人讲高深的道理，或是对某人谈论他不懂或没兴趣的事。

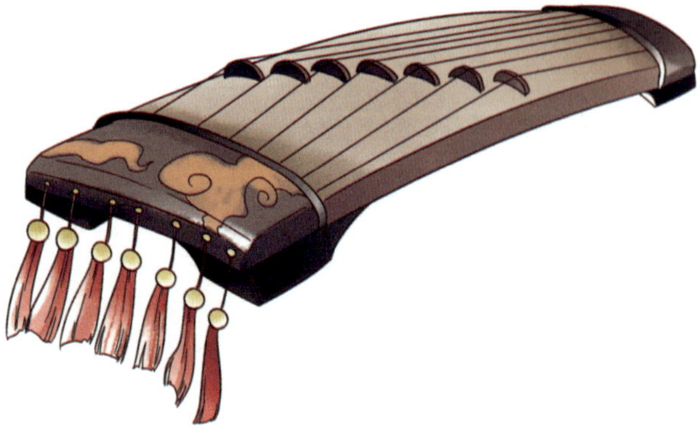

说说对答字

我们形容一个人回答问题像流水一样快速时，会使用“对答如流”这个成语，“对”就是应对，在甲骨文中，就像一个人拿着锯齿状的工具在开垦土地—— ；字形线条化之后成为 （小篆），今天的繁体字**對**仍保留具有这种寓意的字形，简体字则是采用俗体楷书**对**的字形。因为开垦土地时要面向土地，所以“对”的本义就是面向、朝向，例如面对；引申为居于相反的地位，例如对手、对岸；又引申为成双的人或物，例如成双成对、对联。

至于“答”字，上面是竹字头，表示这个字跟植物有关，下面的“合”有会合、聚合的意思；而豆科植物的荚果在成熟时，会沿着背缝线和腹缝线裂开，原本紧闭的果荚分开，里头的小豆子就会蹦出来了，所以“答”的本义就是小豆。后来被借去表示回应的意思，例如回答、应答；再假借为回报，例如报答、答谢；还被借为对问题的解决办法，例如答案、解答。

对 成语家族

文不对题
文章里的意思跟题目对不上，指人说话或写文章不能针对主题。

死无对证
当事人已死，无法核对事实。

对答如流
回答问话像流水般顺畅流利，形容口才好，反应快。

从容应对
不慌不忙地应付答对。

对症下药
针对病症用药，比喻针对问题所在，采取有效的措施。

对簿公堂
原指在法庭上受审问，后来指上法庭打官司。

棋逢对手
比喻双方实力相当，难分高低。

形影相对
人的形体和影子互相问候，形容无依无靠，非常孤单。

对景伤情
看见眼前熟悉的景物，因而联想到一些人和事，引起伤感。

针锋相对
针尖对针尖，比喻双方在策略、论点及行动方式等方面尖锐对立。

知识万花筒

中国古代文人用来修身养性的四艺“琴棋书画”中的“棋”，就是围棋，又称为“弈”，而两个人面对面坐着以围棋来竞技，就称为“对弈”。

据说围棋是尧为了教育顽劣的儿子丹朱而发明的，战国的弈秋是第一位被史籍记载的棋士。因为围棋可以训练思维能力，所以许多著名的军事家，像三国的曹操、孙策、陆逊等人，也是对弈高手。到了魏晋南北朝，对弈成为一种社会风气，下围棋被称为“手谈”。上层统治者也爱好对弈，还以棋设官，建立“棋品”制度，将棋艺分为九品，现在围棋的段位分为“九段”，即是源于此。

牛刀小试

牛郎和织女隔着银河，一年只能见一次面，但牛郎太思念织女了，便请求喜鹊偷偷地帮忙搭桥。喜鹊很为难，只好故意弄了一个鹊桥迷宫，告诉牛郎只要顺着正确的成语走，就能跟织女见面了，牛郎能通过考验吗？

牛刀小试

国王最爱让人猜谜，今天有个从远方来的使者想见国王，国王出了几个歇后语的上半句，要使者正确回答下半句才能见他，请你帮帮使者吧！

兔子看人

心挂两头

竹篮打水

心里有数

哑巴吃饺子

眼红

尖扁担挑水

拖泥带水

下雨天走路

一场空

牛刀小试

许多汉字突然不满意原先待的部首家族了，想换个新的家族，但愿意让它们加入的家族有限，下面这几个汉字能换到哪个家族？变成什么新字呢？

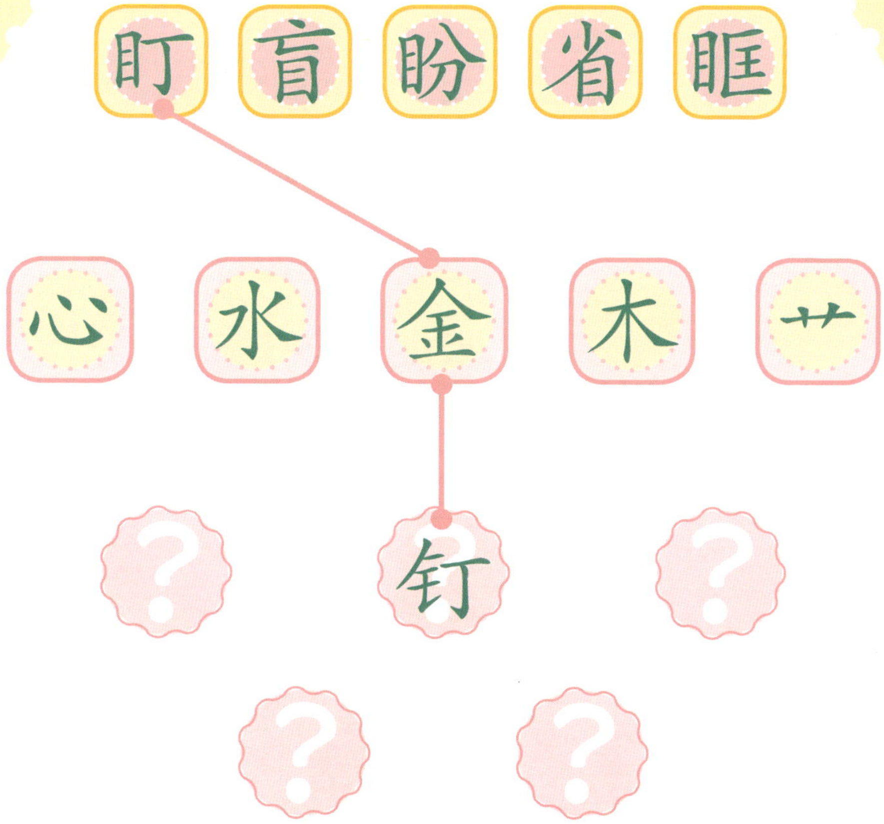

牛刀小试

美食街展开大促销，只要能正确地把成语中缺漏的字填上，就能免费得到一盘小菜，请你来填填字吧！

小提示：缺漏的字都跟味觉有关哟！

（　）甜苦辣

心狠手（　）

（　）言蜜语

尖（　）刻薄

（　）尽（　）来

牛刀小试

夸父发誓一定要追到太阳，天神感动，要助他一臂之力，告诉他顺着带有“父”的字走，就是追日捷径，你能帮夸父把捷径画出来吗?

牛刀小试

小矮人发现一个矿坑，可是有只会喷火的恶龙守在矿坑入口，恶龙出了一道题目，只要小矮人全部答对，就放他进矿坑去采矿，你能帮帮小矮人吗？

恶龙出的题目：“大”字减一笔会变成“人”，加一笔变成“天”，请你猜猜下面的字减一笔和加一笔各会变成什么字？

旦

三

十

王

白

牛刀小试

参考答案

P151

P152

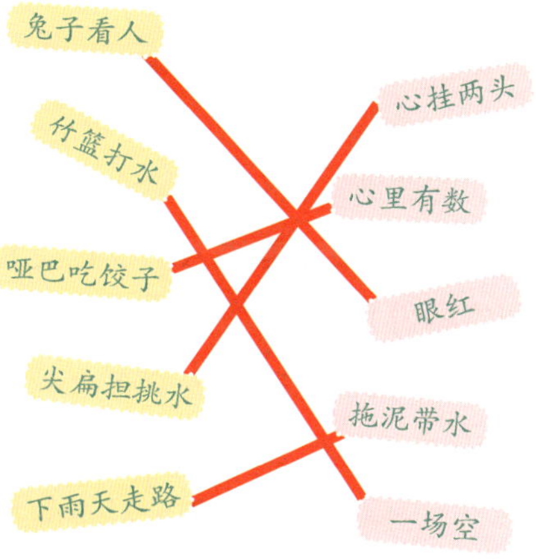

P153

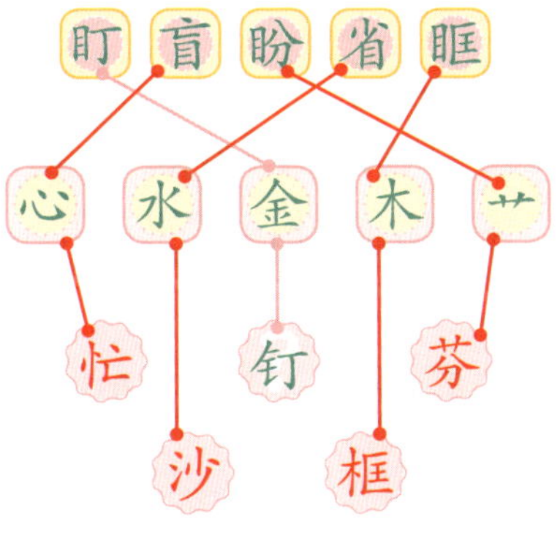

P154

（酸）甜苦辣
心狠手（辣）
（甜）言蜜语
尖（酸）刻薄
（苦）尽（甘）来

P155

P156

旦：日、早；三：二、王；十：一、干；王：土、玉；白：日、百

汉字姐姐给小朋友的一封信

小朋友，你知道早在三千多年前的西周，就有“小学”了吗？不过，当时可是只有公卿大夫等贵族的子弟才能进入小学接受教育，平民还没有这项权利，只有眼馋的份儿呢！

那么，西周的小朋友在小学里都学些什么呢？主要有六种科目，称为“六艺”——礼（礼仪）、乐（音乐）、射（射箭）、御（驾驶马车）、书（识字书写）、数（算法）。除了射箭和驾驶马车的技术之外，都和你现在在学校所学的课程很类似呢！

或许你会问：“西周的小朋友都怎么学习汉字？是不是跟我一样？”在回答这个问题之前，我们必须先认识一个大人物，那就是编写出中国首部字典《说文解字》的人——东汉的五经博士许慎，他在序中便提到了西周的教育制度，还说明了当时的老师一开始是用“六书”的方法来教学生识字的。

“六书”就是象形、指事、会意、形声、转注、假借，前四种是造字方法，后两种是用字方法。这是老祖宗将汉字做了分析与归纳，最终得出的系统化识字教学法。

因为汉字在漫长的演变过程中，许多字的形、音、义发生了变化，所以必须先正确识字，才能解读古籍。因此，古人还给“小学”赋予了另一重含义——文字学，必须先学好“小学”，才能踏上通往“大学”之道。

其实“大学”也有两种含义：一种是相对于“小学”学制的高等教育，这从五帝时代就有了，当时称为“成均”，后来历代的名称都不一样，在西周则称为“太学”；另一种是原本在《礼记》中的一篇名为《大学》的文章，因为受到儒家学者的推崇，便独立出来成为“四书”中的一部典籍。

所以，不论是哪种含义，都要先做好“蹲马步”的基本功，才能练高深的功夫呀！

不过，古人教孩子的识字教学法，到了现代，却变成了进入大学中文系才能学到的学问，而在最初最重要的识字阶段，却只能用死记硬背的方式来学习。所以，我一直想做的，就是让现代的孩子也能在一开始就用生动有趣的方式来系统化识字。

本着这样的初衷，2001年，我在台湾地区出版了《中国文字的前世今生——文字的奥秘》一套三册，一出版就在台湾与香港获得许多奖项并成为畅销书。之后这套书在2014年改名为《有故事的汉字》，以中文简体版出版，也获奖无数并成为畅销书。我当年孕育的心愿种子，终于开花结果，结出了更多的种子，在美丽的中华大地上散播开去，也在许多读者的心中生根发芽，茁壮成长。

因为小朋友与老师家长们的喜爱，我受邀到大陆进行了数十场巡回演讲。某次讲完要离开时，一个小女孩匆匆跑来送了我一张图画，她画了我的画像，还在上面写了“汉字姐姐”四个字。这让我很感动，于是我决心要以更贴近小朋友的角度来书写，当孩子们永远的“汉字姐姐”。

写这套书时，我总想着我的小读者们，为了增添你们的学习乐趣，我特别恳请接力出版社制作了汉字演变小动画，只要扫描书里所附的二维码就可以看到动画了。因为动画的制作成本极高，在考量不增加小读者购书负担的前提下，目前只能先做 50 个汉字演变小动画，日后再分批制作其他的汉字小动画。

此外，接力出版社还竭力促成这套书与“懒人听书”合作。针对音频特质，我重新设计撰写了 150 个单元的脚本，每个单元录制 10—15 分钟的音频节目。除了带有配乐的成语故事外，还以“汉字姐姐与小颉”的对话模式来讲解汉字，拓展更多相关联的汉字，并由专业主播录音，希望能带给小读者另一种领略汉字丰富内涵的听觉盛宴。

拥有五千年历史文化的我们是多么幸运与幸福，因为“汉字”与“成语”是历代祖先累积传承了数千年的丰沛资产，是无私地赠予后代子孙的两座宝山，希望你我都能入宝山满载而归！

汉字姐姐

写于台北
2019 年 8 月 29 日